reinhardt

Wolfgang Klug • Patrick Zobrist

Motivierte Klienten trotz Zwangskontext

Tools für die Soziale Arbeit

3., überarbeitete Auflage

Mit 4 Abbildungen und 5 Tabellen

Mit 20 Arbeitsblättern als Online-Zusatzmaterial

Ernst Reinhardt Verlag München

Prof. Dr. *Wolfgang Klug, Dipl. Sozialpädagoge*, lehrt Soziale Arbeit an der Katholischen Universität Eichstätt/Ingolstadt.

Patrick Zobrist, Dipl. Sozialarbeiter/M.A., ist Dozent und Projektleiter im Departement Soziale Arbeit an der Hochschule Luzern.

Außerdem im Ernst Reinhardt Verlag lieferbar:
Zobrist, Patrick/Kähler, Harro Dietrich (2017): Soziale Arbeit in Zwangskontexten (ISBN 978-3-497-02694-4)

Bibliografische Information der Deutschen Nationalbibliothek

Die Deutsche Nationalbibliothek verzeichnet diese Publikation in der Deutschen Nationalbibliografie; detaillierte bibliografische Daten sind im Internet über <http://dnb.d-nb.de> abrufbar.
ISBN 978-3-497-03038-5 (Print)
ISBN 978-3-497-61466-0 (PDF-E-Book)
ISBN 978-3-497-61467-7 (EPUB)

3., überarbeitete Auflage

Printed in EU
Cover unter Verwendung eines Fotos von © lassedesignen/Fotolia.com
Satz: FELSBERG Satz & Layout, Göttingen

Ernst Reinhardt Verlag, Kemnatenstr. 46, D-80639 München
Net: www.reinhardt-verlag.de E-Mail: info@reinhardt-verlag.de

Inhalt

Hinweise zur Arbeit mit diesem Buch

Verwendung der Icons

Beispiel

Online-Zusatzmaterial

Tipps

im Praxismanual (Teil B): Verweis auf zugehörige Theoriekapitel (Teil A)

Das Passwort zum Online-Zusatzmaterial finden Sie auf S. 155

Vorwort zur 3. Auflage

> „Menschen sind lernfähig. Sie können ihr Verhalten ändern."
> Handschriftliche Ergänzung: „... wenn sie wollen!"
> (Türplakat eines Gruppenraumes der Bewährungshilfe in Zürich, 2009)

Die Thematik „Motivation" ist in unserem Alltagsleben und besonders auch in der Sozialen Arbeit allgegenwärtig. Die populärwissenschaftliche Ratgeberliteratur zu „Motivation" wirkt unüberblickbar. Und wie ist das in der Sozialen Arbeit? Vor über 30 Jahren hat Nora Gold darauf hingewiesen, dass „Motivation" eine wesentliche Komponente der Sozialarbeitspraxis darstellt. Das Thema werde aber nur schwach rezipiert und die anwendungsbezogene Forschung sei ungenügend (Gold 1990). In der Zwischenzeit hat sich beim Thema „Motivation" vieles getan: Zum einen hat sich die ursprünglich im Suchtbereich entwickelte „Motivierende Gesprächsführung" (Motivational Interviewing) von Miller und Rollnick (2009; 2015) in den letzten Jahren kontinuierlich in der Praxis etabliert und ist Gegenstand laufender (und ermutigender) Evaluationen (Lundahl et al., 2010) geworden. Zum anderen hat in der Psychotherapie, besonders in ihren forensischen Anwendungsfeldern und in der Therapie von Persönlichkeitsstörungen, eine vertiefte Auseinandersetzung mit motivationspsychologischen Grundannahmen und ihren Bedeutungen für die therapeutische Praxis stattgefunden (z. B. Sachse 2009, Sachse et al. 2012).

Alle Arten von menschlichen Veränderungsprozessen, ob sie nun aus eigener Initiative in die Hand genommen werden, oder ob sie Gegenstand von professionellen psychosozialen Beratungsprozessen sind, erfordern die individuelle Motivation der Person. Insbesondere in Zwangskontexten der Sozialen Arbeit kann diese Motivation nicht vorausgesetzt werden, sie ist vielmehr eine wichtige Kernkomponente des Klienten, die methodisch angesprochen werden soll. Diese methodische Herausforderung akzentuiert sich in der aktuellen Methodenliteratur zu Zwangskontexten in der Sozialen Arbeit (Rooney 2009, Gehrmann / Müller 2010, Conen / Cecchin 2011, Zobrist / Kähler 2017) und soll mit dem vorliegenden Buch angegangen werden. Der Transfer der bisher entwickelten Motivationsförderungsansätze in die Arbeitsfelder der Sozialen Arbeit verlangt nach Modifikationen und Konkretisierungen. Unser Buch will nicht nur die theoretischen Grundlagen der Motivationsarbeit bezogen auf ihre Praxisrelevanz aufbereiten, sondern auch versuchen, die einzelnen Techniken und Interventionen der Motivationsförderung Schritt für Schritt darzustellen und praktische Hilfsmittel für den Beratungsalltag bereitzustellen. Diese Praxisorientierung ist mit einigen Abstrichen verbunden: Die Transformation der theoretischen Grundlagen in praktisch-methodische Ausführungen gehen mit einigen Einschränkungen einher, die kritisiert werden dürfen: Einerseits waren wir gezwungen, teilweise pragmatische Vereinfachungen vorzunehmen, anderseits haben wir viele Theorie- und Methodenfragmente eklektisch zusammengefügt. Darüber hinaus erforderte die Konkretisierung der Techniken und Interventionen einen Umsetzungsmodus, die sich nicht stets linear von der theoretischen Aussage hin zur methodischen Umsetzung verfolgen lässt.

Das Buch gliedert sich in einen Theorie- und einen Praxisteil. Im ersten Teil wird nach einem Einführungskapitel zur Klärung von Motivation in Zwangskontexten (→ Kap. 1) und Erklärungsansätzen zu Motivation (→ Kap. 2, Kap. 3) in das methodische zentrale „Transtheoretische Modell der Veränderung" eingeführt, welches als Strukturierung und Heuristik den gesamten Motivierungsprozess beeinflusst. Im → Kap. 4 folgen Ausführungen zur Wertedimension der Motivation und in → Kap. 5 werden wichtige Fragen zur Beziehungsgestaltung und zum Umgang mit Widerstand bei „demotivierten" Klienten aufgenommen. Das → Kap. 6 fasst die wichtigsten Prinzipien der Motivationsförderung zusammen. Im zweiten, praktischen Teil des Buchs folgen zunächst einige Einführungen zur Manualisierung und dem Aufbau des Praxismanuals. Anschließend werden sämtliche Interventionen und Module des Manuals detailliert beschrieben. Jede Intervention des Manuals wird durch ein Arbeitsblatt visuell unterstützt.

Wir verstehen unsere theoretischen Überlegungen und das Praxismanual zur Motivationsförderung nicht als technologisches Korsett oder gar in der Vorstellung, die Motivierung von Klienten der Sozialen Arbeit sei geradezu automatisierbar. Die von uns vorgeschlagenen theoretischen Annahmen und praktischen Folgerungen setzen die umfassende Professionalität der Fachkräfte, die mit unserer Methodik arbeiten, voraus. Dazu gehört insbesondere ihre Fähigkeit, ihr Fachwissen und ihre Kompetenzen situativ und kontextbezogen einzusetzen. Jedoch nicht alle Klienten können stets „motiviert" werden. Die Soziale Arbeit muss sich immer wieder die Frage stellen, welche gesellschaftliche Funktion ihre Interventionen einnehmen. Davon sind auch Methoden zur Motivationsförderung nicht ausgeschlossen.

Der Theorieteil des Buchs wurde von Wolfgang Klug verfasst, das Praxismanual wird von Patrick Zobrist und Wolfgang Klug gemeinschaftlich verantwortet. Die ersten Versionen des Praxismanuals wurden von Sozialarbeitenden in der Schweiz in den Arbeitsfeldern der gesetzlichen Betreuung, der Sozialhilfe und Kinderschutzes erprobt (Zobrist / Dietrich 2012). Unser Dank für ihre methodische Neugier und die vielen Anregungen geht an Monika Schweizer, Samuel Hösli, Ernst Schmid, Daniela von Dach, Mathias Lang, Nadia Nebert, Rebekka Zysset, Renato Perez, Tanja Rohrer, Christine Maurer, Sandra Stettler, Brigitte Ryter, Pascal Spicher, Urs Kolly und Regula Berchtold sowie an die Studierenden Roger Dietrich und Francine Heuberger. Die Entwicklung der Grundlagen des Praxismanuals wurden durch die Hochschule Luzern gefördert (Förderbeitrag Nr. 09 / 567; Zobrist 2010). Dafür und für den Fachaustausch mit den Kolleginnen und Kollegen im Institut Sozialarbeit und Recht sei herzlich gedankt. Sehr gefördert wurde die nun in vorliegendem Buch dokumentierte Zusammenarbeit durch die Möglichkeit eines Forschungssemesters, das die Katholische Universität Eichstätt-Ingolstadt Wolfgang Klug gewährt hat. Wir danken an dieser Stelle unseren Studierenden, Seminarteilnehmenden und Praxispartnerorganisationen für ihre wertvollen Rückmeldungen. Unser Dank ergeht ebenfalls an Prof. Dr. Thomas Heidenreich und Prof. Dr. Jürgen Hoyer für die elektronische Bereitstellung der Veränderungsstadienskala (vgl. S. 120).

Motivationsförderung ist ein dynamischer Prozess – genauso ist auch die von uns vorgeschlagene Methodik keinesfalls in Stein gemeißelt! Unser theoretischer und methodischer Beitrag soll die Praxis und Wissenschaft zur Anwendung und Reflexion einladen: Wir wünschen uns viele Versuche der beschriebenen Interventionen in der Praxis, und wir hoffen auf kritische Reflexionen und Evaluationen der Anwendung. Für Anregungen und Hinweise, welche die Weiterentwicklung der Motivationsförderung in Zwangskontexten unterstützen kann, sind wir sehr dankbar. In diesem Sinne soll unser Buch die Praxis und die Wissenschaft „motivieren“, die Methoden zur Motivationsförderung weiterzuentwickeln!

Eichstätt und Luzern (CH) im Juli 2020
Wolfgang Klug und Patrick Zobrist

Hinweis: Aus Gründen der besseren Lesbarkeit wurde bei Berufsbezeichnungen meist die grammatikalisch maskuline Form gewählt. Natürlich sind aber immer Männer und Frauen gemeint.

Teil A: Theoretische und methodische Grundlagen

Von Wolfgang Klug

1 Motivation im Zwangskontext – was ist das?

Motivation als Schlüsselfaktor

Überall, wo Klienten gezwungen werden, sich der Sozialen Arbeit auszusetzen, ist „Motivationsarbeit" ein Kerngeschäft sozialarbeiterischer Tätigkeit. So heißt es beispielsweise in den Standards der Bayerischen Bewährungshilfe: „Die Betreuung durch den Bewährungshelfer ist in erster Linie als Hilfe zur Selbsthilfe zu verstehen. Sie beinhaltet Motivation und Anleitung zu notwendigen Verhaltensänderungen." (Zentrale Koordinierungsstelle Bewährungshilfe 2012, 8) Motivationsförderung ist wohl die „Kernaufgabe der Arbeit im Zwangskontext" (Mayer 2010, 156), denn sind die Klienten motiviert, an ihren Risikopotentialen zu arbeiten, senkt dies ihre Gefährlichkeit und die der möglichen Opfer. Die Motivation, nicht mehr straffällig zu werden, ist nach Farrall (2009) einer der Schlüsselfaktoren für den Ausstieg aus der Kriminalität. Auch andere Arbeitsfelder der Sozialen Arbeit, wie z. B. Kinder- und Erwachsenenschutz, gesetzliche Betreuung etc. können, wie wir noch zeigen werden, als Zwangskontexte verstanden werden. Deshalb kommt der Motivationsarbeit eine besondere Bedeutung zu.

Fast zwangsläufig ergibt sich daraus die Frage: Was heißt das methodisch? Was wissen wir über Methoden der Motivationsförderung unter den besonderen Bedingungen der Zwangskontexte?

1.1 Ausgangskonstellationen im Zwangskontext

Soziale Arbeit im „Zwangskontext" wird von Kähler und Zobrist ganz allgemein dadurch charakterisiert, dass Sozialarbeit es mit Kontaktaufnahmen zu tun hat, die „fremdinitiiert" sind (Zobrist / Kähler 2017). Diese Definition ist sehr weit und insofern nicht präzise genug, weil sie zu wenig abgrenzt: „Selbst-initiiert" sind die wenigsten Kontakte im Bereich der Sozialen Arbeit; drängende Partnerinnen, Arbeitgeber, drohender Wohnungsverlust – all das sind Beispiele von Drucksituationen, die unter diese Definition von „Zwangskontext" fallen würden. Dadurch wäre nahezu jeder sozialarbeiterische Kontext ein Zwangskontext.

Wir wollen den Begriff „Zwangskontext" deutlich enger fassen und von allgemeinen „Drucksituationen" abgrenzen, um damit die spezifische Anforderung für die Motivationsarbeit herauszuarbeiten. Nach unserer Auffassung hat „Zwangskontext" in der Regel mit rechtlichen Vorgaben zu tun, die die Klienten unter Androhung von empfindlichen Konsequenzen zwingen, in Kontakt mit Sozialer Arbeit zu treten. Die Konsequenzen ergeben sich nicht (nur) aus der Zwangslage, in die sich die Klienten gebracht haben (z. B. drohende Wohnungslosigkeit), aus der heraus Soziale Arbeit helfen könnte, sondern aus dem Gesetz selbst: seien es rechtliche Konsequenzen aus der Kontaktvermeidung (z. B. für die Bewährung), seien es existenzielle Folgen, die sich durch mangelnde Mitwirkung ergeben (z. B. Kürzung oder Streichung der Sozialhilfe), sei es die juristische Vollmacht, den Klienten direkt zu etwas zwingen zu können (z. B. im Bereich Betreuung oder Kinder- und Erwachsenenschutz). All diesen Kontakten ist gemeinsam, dass der Klient nicht nur nicht aus eigenem Antrieb Kontakt mit dem Sozialen Dienst aufnimmt, sondern dass es auch keine (rechtliche) Alternative dazu gibt (Zobrist / Kähler 2017).

Eine für das fachliche Verständnis des Zwangskontexts entscheidende Folge ist darin impliziert: Der Zwangskontext gilt auch für die Fachkräfte, denn auch diese haben nicht die Möglichkeit, den beispielsweise zur Bewährung verurteilten Menschen wegen mangelnder Behandlungs- und Veränderungsmotivation abzulehnen.

„Freie" Beratungsstellen vs. Zwangskontext

Ein Klient stellt sich vor, aber leugnet die Tat, arbeitet unzureichend mit und nimmt vereinbarte Termine häufig nicht wahr. In einer „freien" Beratungsstelle würde er wieder nach Hause geschickt, wie es beispielsweise die „Standards und Empfehlungen für die Arbeit mit männlichen Tätern im Rahmen von interinstitutionellen Kooperationsbündnissen gegen Häusliche Gewalt" vorsehen (Liel et al. 2008, 36 f.). Ein Täter mit dem gleichen (Nachtat-)verhalten kann in der Bewährungshilfe nicht zurückgewiesen werden, insofern gilt hier der „Zwangskontext" für Bewährungshelfer und Klient.

Aus diesem fundamentalen Unterschied zwischen „Zwangskontext" und „freier" Beratungsstelle ergeben sich die fachlichen Anforderungen, von denen hier die Rede sein soll: Was tun mit jemandem, die / der nicht an dem arbeiten will, was sie / ihn in die schlimme Lage gebracht hat? Es ist deshalb nicht verwunderlich, dass die diesbezüglichen Möglichkeiten und Methoden Sozialer Arbeit in fachlichen Diskursen in dem Maße debattiert werden, in dem die Gestaltung des Zwangskontexts als fachliche Aufgabe gesehen wird (z. B. Zobrist / Kähler 2017, Gumpinger 2001, Gehrmann / Müller 2010, Conen / Cecchin 2011).

Behandlungsmotivation vs. Veränderungsmotivation

Unser spezifisches Thema ist die Frage der Motivation im Zwangskontext. Wie wir noch sehen werden, ist hier zunächst sehr entscheidend, was wir unter „Motivation" verstehen: Diese kann verstanden werden als „Behandlungsmotivation", also die Motivation, sich einer bestimmten Form von Vorgabe zu unterziehen, oder als „Veränderungsmotivation", die die Bereitschaft eines Klienten definiert, sich selbst und bestimmte Aspekte seines Lebens verändern zu wollen, ob mit oder ohne Hilfe (López Viets et al. 2002, McMurran 2002). Wir werden sehen, wie wichtig der Unterschied ist, wenn diese beiden Aspekte noch einmal genauer beleuchtet werden.

Zwangskontext und Motivation

Grundlegend sind an dieser Stelle zwei Aspekte: Der Zwangskontext allein sagt noch nichts aus über die motivationale Ausgangslage des Klienten. Im Unterschied zu manchen Praktikern, die konstatieren, man könne wegen des Zwangskontexts generell nicht mit Motivation rechnen, bleibt mit Kähler und Zobrist festzuhalten: Es kann sein, dass beispielsweise auch zu Beginn der Bewährungshilfe „der Proband im Rahmen einer verordneten Bewährungshilfe ungeachtet der von außen kommenden Auflage motiviert und kooperationsbereit ist" (Zobrist / Kähler 2017, 19).

Hilfe und Kontrolle

Ein Zweites: Arbeit im „Zwangskontext" bedeutet Interventionen, die von Klienten möglicherweise gar nicht gewünscht sind. Dies muss nicht so bleiben, denn helfen kann man selbstverständlich nur dem, der Hilfe will. Hier setzt unsere Überlegung an: Schott-Leser und Leser gehen zu Recht davon aus, dass von „Hilfe" nicht gesprochen werden kann, wenn es kein Hilfeersuchen gibt (Schott-Leser / Leser 2016). Wenn „Hilfe" – verstanden als ein Zusammenwirken zwischen dem Hilfebedürftigen und seinem Helfenden zur Veränderung eines beidseitig als veränderungsbedürftig angesehenen Zustandes – vom Klienten nicht gewünscht wird, die Fachkraft jedoch mit dem Menschen an dem arbeiten muss, an dem er nicht arbeiten will, stellt sich die Frage, was der Professionelle tun kann, um seinen Klienten dabei zu unterstützen, sich helfen zu lassen. Was weiß die Wissenschaft davon, wie solche Kontakte motivierend gestaltet werden können? Was weiß sie von Motivation, von Motivationsentstehung und Motivationsdiagnostik? Vor allem aber: Was weiß sie von den Menschen, die sich trotz erkennbarer Probleme weigern, sich helfen zu lassen?

Diese einführenden Bemerkungen werden im Folgenden noch vertieft, vorab aber gilt es, einige grundsätzliche Überlegungen über das Phänomen „Motivation" anzustellen.

1.2 Was ist Motivation?

Definition

Ganz allgemein bezeichnet der Begriff „Motivation“ (lat. movere = bewegen) „die aktivierende Ausrichtung des momentanen Lebensvollzugs auf einen positiv bewerteten Zielzustand“ (Rheinberg 2009, 668). Zunächst geht es also bei den Fragen der Motivation um „das Verfolgen eines angestrebten Ziels“ (Heckhausen / Heckhausen 2018, 2), mithin um diejenigen psychischen Prozesse, die mit dem Setzen von Zielen und deren Verfolgung aufgrund der Wünschbarkeit und Realisierbarkeit zu tun haben. Die Motivationspsychologie fragt beispielsweise, wieso es leicht fällt, manche Entschlüsse in die Tat umzusetzen und andere nicht. Gemeinsam ist dem, was wir als Motivation bezeichnen, das „Streben nach Wirksamkeit und der Organisation von Zielengagement und Zieldistanzierung“(Heckhausen / Heckhausen 2018, 2). Insofern hat Motivation sowohl mit Kognitionen, also Bewertungen von Zuständen (Vorteile und Nachteile, vermutliche Gewinn- und Verlustanteile), als auch mit emotionaler Vermittlung zu tun. Mit diesen Abgrenzungs- und Verbindungsfragen von Motivation zu Emotion und Verhalten beschäftigt sich ein breiter Zweig der Psychologie, die Motivationspsychologie nämlich, deren Wurzeln Rudolph bereits in der Triebtheorie Freuds festmacht (Rudolph 2009).

„Unmotiviert“ gibt es nicht

Wenn es demnach also um den Wunsch eines Menschen geht, sich in einem Ziel wirksam zu sehen, stellt sich die Frage, welche Bedingungen vorherrschen müssen, dass ein Menschen „die Energie zu seinem Tun“ mobilisiert, „und was die Ausrichtung seiner Tätigkeit bestimmt“ (Gage / Berliner 1996, 337).

Mit einer so umfassenden Theorie von „Motivation“ ist eines jedenfalls klar: „Unmotivierte“ Menschen gibt es prinzipiell nicht, denn solange ein Mensch lebt, hat er einen „Antrieb“, und sei es – wie Maslow (1954) in seiner sehr frühen Motivationstheorie schreibt – die Motivation, seinen Hunger zu stillen. Wenn also bei Fachkräften von „Unmotivierten“ die Rede ist, dann kann dies nicht bedeuten, dass ein Mensch völlig motivationslos ist. Es heißt vielmehr, dass sich die Motivationslage vielleicht nicht so darstellt, wie es die Beratungsfachkraft gern hätte.

Die Suche nach dem verlorenen Schlüssel

Deren Situation lässt sich vielleicht in einer kleinen Geschichte beschreiben: Ein guter Mensch möchte einem Betrunkenen helfen, seinen Schlüssel zu finden, den dieser verloren hat. „Nach langer vergeblicher Suche fragt der Helfende den Betrunkenen, ob er sicher sei, dass er den Schlüssel unter der Straßenlaterne verloren habe. Der Betrunkene antwortet mit größter Selbstverständlichkeit, natürlich habe er den Schlüssel an anderem Orte verloren – aber dort sei das Suchen zwecklos, weil kein Licht da sei." (Rudolph 2009, 9)

subjektive Beurteilung der Situation

Auf unsere Fragestellung übertragen, könnte man vielleicht sagen: Der Betrunkene will sich nicht helfen lassen, er ignoriert den Hinweis, man müsse doch dort suchen, wo das Finden des Schlüssels am wahrscheinlichsten ist. Er ist eben „beratungsresistent". Interessanterweise sind beide im Ziel einig (Schlüssel finden), sie unterscheiden sich nur in der Bewertung der Wahrscheinlichkeit der Mittel in Bezug auf bestimmte Handlungsziele (unter der Lampe suchen – im Dunkeln suchen). Was uns ein Weiteres für die Motivationsdefinition zeigt: Auf die gleiche Situation reagieren Menschen zu unterschiedlichem Verhalten motiviert, was darauf schließen lässt, dass interindividuelle Unterschiede von Situationsbeurteilungen maßgeblich für die Entstehung von Motivation verantwortlich sind, z. B. die Problemeinsicht oder die Einschätzung der eigenen Möglichkeiten der Person.

Motivationsentstehung

Wenn wir die verschiedenen Aspekte zusammenfassen, ergibt sich folgendes Bild der Motivationsentstehung (im Folgenden orientieren wir uns an Schneider / Schmalt 2000): Aufgrund ihrer genetischen Voraussetzungen und sozialen Lernerfahrungen bewerten Menschen die gleiche Situation (z. B. einen Test) unterschiedlich: Sie antizipieren unterschiedliche Ausgänge (beim Test entweder Durchfallen oder Neugierde auf die Aufgaben), was zu unterschiedlichen emotionalen Reaktionen und Emotionserwartungen führt (z. B. Angst oder Gefühl der Herausforderung). Diese Prozesse der Erwartungszuschreibung sind verantwortlich, ob Motive (z. B. Leistungsmotiv) in Ziele (z. B. gute Note) und dann in Handlung umgesetzt werden.

Dass Ziele letztlich in Handlungen umgesetzt werden, hängt wiederum u. a. von der Bewertung der Bedeutsamkeit der Ziele ab, aber auch von der Selbsteinschätzung der eigenen Wirksamkeit. Zudem sind Motivation und Handeln über die lerntheoretischen Vorgänge eng miteinander verschränkt, was bedeutet, dass Motivation auch aus vorangehenden Handlungen entstehen kann.

Motivationsfakoren

Motivation, so Heckhausen und Heckhausen,

> „hängt von situativen Anreizen, persönlichen Präferenzen und deren Wechselwirkung ab. Die resultierende Motivationstendenz ist zusammengesetzt aus den verschiedenen nach dem persönlichen Motivprofil gewichteten Anreizen der Tätigkeit, des Handlungsergebnisses und sowohl von internen, die Selbstbewertung betreffenden, als auch von externen Folgen" (Heckhausen / Heckhausen 2018, 7).

In diesem Zusammenhang wird traditionell zwischen intrinsischer und extrinsischer Motivation unterschieden:

intrinsische/extrinsische Motivation

> „Intrinsische Motivation wird üblicherweise definiert als der Wunsch oder die Absicht, eine bestimmte Lernhandlung durchzuführen, weil die Handlung selbst als interessant, spannend oder wie auch immer zufriedenstellend erscheint." (Schiefele/Streblow 2005, 40)

Der Antrieb, eine Handlung auszuführen, unterliegt demnach der Bewertung des „Gutes" durch die betreffende Person selbst, ihrer Abwägung von Kosten und Nutzen, einer Veränderung unter Einbeziehung des Nutzens und der Kosten einer Beibehaltung des bisherigen Lebensstils. Damit erlebt sich der Mensch selbst als wirksam und selbstbestimmt (Deci/Ryan 1993, Kanfer et al. 2012).

> „Intrinsische Motivation kann in diesem Sinne als Ausdruck des Bedürfnisses nach Kompetenz und Selbstbestimmung interpretiert werden, wobei bereits die Gelegenheit zu selbstbestimmtem Verhalten intrinsisch motivierende Effekte zeigt." (Mackowiak 1999, 220)

Hingegen ist eine extrinsische Motivation

> „Wunsch bzw. Absicht […], eine Handlung durchzuführen, um damit positive Folgen herbeizuführen oder negative Folgen zu vermeiden. Diese Folgen haben per se nichts mit der Handlung und ihrem Gegenstand zu tun" (Schiefele/Streblow 2005, 41).

Ohne die innere Überzeugung zu haben, sich verändern zu müssen, passt sich der Mensch den äußeren Regeln an, um dem Drängen anderer zu entgehen. Insofern wird dieses Handeln als external motiviert nur so lange aufrechterhalten, wie der äußere Druck besteht (Markland et al. 2005; Michalak et al. 2007). Um beispielsweise dem Gefängnis zu entkommen, verspricht der Drogenabhängige einen Therapiewillen, den er nicht hat – was natürlich nicht heißt, dass dieser nicht im Laufe der Therapie entstehen könnte.

Der entscheidende Unterschied zwischen extrinsischer und intrinsischer Motivation liegt in der Attribution, die der Handelnde vornimmt: Die Frage ist, ob er externale oder internale Ursachen für seine Probleme und Ziele annimmt. Insofern ist es auch verständlich, dass die Bindung an Veränderungsziele umso stärker ausgebildet ist, je intrinsischer die Motivation ist. Extrinsische Motivation (z. B. Vollzugslockerungen) hingegen haben keine Wirkung auf die Zielbindung (Suhling/Cottonaro 2005, 390).

mögliche Umwandlung

Selbstverständlich kann sich extrinsische Motivation in intrinsische verwandeln; Menschen können (und tun dies nicht selten insbesondere dann, wenn sie eine förderliche soziale Umgebung dabei unterstützt) auf äußeren Druck ihre innere Einstellung verändern. Die Umwandlung von extrinsischer in intrinsische Motivation ist explizit Ziel therapeutischer Bemühungen geworden (z. B. Kanfer et al. 2012). Dabei wurden wichtige Aspekte herausgearbeitet, die hilfreich sein können. Demnach wächst intrinsische Motivation, wenn u. a.

- Selbstbestimmung und Autonomie gegeben sind,
- der Klient ein Gefühl von eigener Kompetenz besitzt und die Problemlösung sich selbst zuschreibt (Selbstwirksamkeitserwartung),
- situative Anforderungen mit den dem Klienten zur Verfügung stehenden Ressourcen gemeistert werden können (Deci / Ryan 1993).

Extrinsische und intrinsische Motivation sind nicht immer einfach, manchmal nur an den äußeren Effekten und im Nachhinein zu unterscheiden. Zudem sind sehr viele alltägliche Handlungen extrinsisch motiviert (z. B. Schule, Arbeit), was die Ergebnisse nicht unbedingt schlechter macht. Es kann natürlich auch sein, dass sich die Wandlung von extrinsisch motivierter Handlung zu intrinsisch motivierter nicht vollzieht. In Fällen, in denen Menschen nicht in der Lage sind, ihre Impulse zu steuern, kann „der Einsatz externer Motivationshilfen notwendig werden“ (Mackowiak 1999, 273).

Das für uns Wichtige an der Unterscheidung von extrinsischer und intrinsischer Motivation: Es sollte im Prozess gelingen, dass der Klient immer weniger äußere Motivationshilfe oder gar Zwang braucht, um sich zu verändern, und immer mehr selbstgesteuert das tut, was ihn in Einklang mit sich und seiner Umwelt bringt.

1.3 Motivation und das „Doppelte Mandat“

Doppeltes Mandat

Urban beschreibt den Zwangskontext als eine Art „Zwangsehe“ (Urban 2004, 67) für beide Seiten, den Professionellen und den Klienten. Dass nicht nur Hilfe angeboten wird, sondern auch ein Kontrollauftrag besteht, wird in der Literatur als das sogenannte „Doppelte Mandat“ beschrieben, also die Verkopplung zweier Aufträge: einerseits das Hilfeangebot für die vom Klienten erkannten und von der Fachkraft ebenfalls so gesehenen Veränderungsbedarfe des Klienten, andererseits die Kontrollaufgabe als gesellschaftlicher Auftrag, der darin besteht, gesellschaftlich vorgegebene Ziele (z. B. Straffreiheit, Schutz der Kinder) zu erreichen.

Dieser doppelte Auftrag hat immer wieder zu großen Diskussionen unter Theoretikern und Praktikern geführt, die darin ethische Probleme (Abbenhues 1995) oder auch Rollenkonflikte (Krieger 2011) sehen. Systemische Berater weisen auf eine wichtige Tatsache hin: „Welche Zwangsmaßnahmen man auch immer anwenden mag, man kann einen Menschen etwa nicht dazu zwingen, einen anderen zu lieben oder ‚freiwillig und gern‘ mit ihm zusammenzuleben“ (Schlippe / Schweitzer 1996, 69). Allerdings darf man daraus nicht den Schluss ziehen, dass der Kontrollauftrag der Sozialen Arbeit fremd ist oder sie nichts tun könnte als abzuwarten, ob sich der Klient für die Annahme des Hilfeangebots entscheidet (Heiner 2004). In dieser methodischen „Lücke“ will unser Manual zur Motivationsförderung ein Angebot machen.

doppelte Aufgabe im Zwangskontext

Auch im Zwangskontext gibt es also eine doppelte Aufgabe: das fortdauernde Angebot zur Hilfe, das der Klient jederzeit annehmen kann, das dementsprechend (ohne Konsequenzen) auch abgelehnt werden kann. Nicht abgelehnt werden kann hingegen das Element der Kontrolle, das sowohl Überwachung der als gesellschaftlich formulierten Ziele, als auch die Unterstützungsleistung zur Motivation des Klienten zur Veränderung betrifft. Dies bedeutet eine ebenso unaufhebbare wie durchaus methodisch anspruchsvolle Koppelung zweier nicht identischer Handlungslogiken (zu diesem Thema ausführlich: Klug / Schaitl 2012).

Das Thema des „Doppelten Mandats“ als Kernauftrag des Zwangskontexts wird uns in vielerlei Hinsicht (ethisch, methodisch) im Folgenden immer wieder begegnen, deshalb soll es an dieser Stelle noch etwas vertieft werden. Richtig verstanden hat es für die Soziale Arbeit nämlich einige weitere Konsequenzen:

„Angebot“

a) Nicht alles, was im Kontakt zu Klienten passiert, ist „Hilfe“: Entgegen der Annahme, dass Sozialarbeiter und Therapeuten in jeder Phase ihres beruflichen Alltags und in der Interaktion mit ihrem Klientel helfen, ist ein Teil dessen, was sie tun, von ihren Klienten weder verlangt noch haben diese dazu einen Auftrag erteilt. In Bezugnahme auf eine Unterscheidung von Burkhard Müller schreibt Ritscher:

> „Vieles, was Sozialarbeiterinnen tun, beinhaltet ein Angebot an die Adressantinnen, ist aber keine Hilfe, weil diese es aus unterschiedlichen Motiven nicht annehmen. Für die Seite des sozialarbeiterischen Handelns im Unterstützungssystem ist deshalb der Begriff ‚Angebot‘ passender.“ (Ritscher 2002, 243)

Hilfe als „Angebot“ beschreibt exakt das, was wir über das „Doppelte Mandat“ gesagt haben: Hilfe konstituiert sich durch die Annahme des Hilfeangebots durch den Klienten und ist nicht automatisch da, wenn ein Professioneller einem Klienten gegenübersitzt.

„Kontrolle“

Der ebenfalls von Müller vorgeschlagene Begriff „Eingriff“ (statt Kontrolle) ist insofern ungeeignet, weil letztendlich jede Intervention per definitionem einen „Eingriff" darstellt, was schon der Begriff „intervention" (vom lat. intervenire: dazwischenkommen) zeigt. Deshalb erscheint uns der Begriff „Kontrolle", auch wenn er seinerseits wegen der Gefahr der Verkürzung auf die reine Überwachung nicht unproblematisch ist, geeigneter, nicht zuletzt deshalb, weil er in der Fachliteratur eingeführt ist.

Hilfe braucht Einverständnis

Für den Praktiker mag die begriffliche Unterscheidung überflüssig erscheinen, sie ist es aber beileibe nicht. So weist Altschuler (1998) darauf hin, dass einer der häufigsten Fehler beispielsweise in der tertiären Kriminalprävention die Überzeugung der Professionellen ist, dass „general support", also eine allgemeine unspezifische Hilfeleistung, schon rückfallpräventive Wirkung entfaltet. Dabei wird übersehen, dass Hilfe nur dann wirksam sein kann, wenn sie ihren Adressaten im Hilfesuchenden hat und nicht nur in jemandem, der Unzufriedenheit äußert. Die Systemiker nennen dies den Unterschied zwischen einem „Klagenden" und einem „Kunden". Auch wenn man letztere Begrifflichkeit nicht unbedingt für adäquat hält, ist sie doch in einem Punkt zutreffend: Hilfe braucht das Einverständnis des Hilfebedürftigen; ohne dieses ist Hilfe allenfalls ein „Angebot", aber eben keine Hilfe (zu den Begrifflichkeiten: Zobrist / Kähler 2017).

Normalisierungsfunktion

b) Motivation ist wegen des Kontrollkontextes keine „Eingangsbedingung" für eine Arbeit mit Klienten im Zwangskontext: Kontrollaufträge sind rechtliche Vorgaben, keine Aufträge des Klienten (es wäre zynisch, hier vom „Kunden" zu sprechen). Vielmehr übernimmt Soziale Arbeit eine gesellschaftliche Normalisierungsfunktion, wie sie schon Lutz Rösner in einem frühen Text in den 1970er Jahren als ihre Grundfunktion beschreibt. Ausgehend von einem kritischen Rationalismus beschreibt Rösner die zentrale Funktion der Sozialpädagogik als „tertiäre Sozialisation", die die Normabweichungen aufheben soll. Er führt aus, sie sei „absichtsvolles und geplantes Zuführen von Impulsen mit dem Ziel, daß der zu Erziehende diese Impulse als Informationen so verarbeitet, daß er Verhaltensbereitschaft gemäß den in einem Zeitraum vorhandenen Soll-Zuständen des Erziehers bewahrt, erwirbt oder ändert" (zit. in Engelke 1992, 244).
Insofern hatte Soziale Arbeit immer auch andere Wurzeln als psychotherapeutische und konnte weder historisch noch fachlich je ein reines „Hilfe"-Konstrukt für sich in Anspruch nehmen. Dies wird deutlich, wenn wir sie mit rein psychotherapeutischen Konstrukten vergleichen. So zitieren Brugger / Holzbauer (1998) eine häufig zu findende therapeutische Grundposition:

> „Jede Zwangstherapie unterliegt hohem Zweifel ob ihrer Erfolgsaussichten. Therapie – in sinnvoller Gestaltung – muß stets als gemein-

> same Arbeit des Therapeuten und seines Klienten begriffen werden. Der Zugang zu den Kernproblemen bleibt verschlossen, wenn der Klient sich nicht seinem Therapeuten öffnen will. Zwang mag also allenfalls als ‚Einstieg in die Freiwilligkeit' hilfreich sein." (Brugger/Holzbauer 1998, 18).

Noch deutlicher formulieren die Sexualtherapeuten Händel und Judith das therapeutische Konzept der „Freiwilligkeit", wenn sie schreiben, dass „Sozialtherapie aus behandlerischen Erwägungen heraus primär solche Gefangene aufnehmen sollte, die für eine Behandlung motiviert sind und das therapeutische Gesamtklima nicht negativ beeinflussen" (Händel/Judith 2001, 375).

Freiwilligkeit

„Freiwilligkeit" und Eingangsmotivation als Einstiegsbedingung suggeriert einen quasi idealen Zustand: Ein Mensch will Hilfe, akzeptiert die Bedingungen der Behandlung und formuliert dies auch. Dieser Idealzustand ist nicht nur in Zwangskontexten nicht zu erwarten, er ist auch in anderen psychosozialen Beratungsstellen Sozialer Arbeit zu ideal, um wahr zu sein. Warum sollte jemand in eine Beratungsstelle kommen, wenn es nicht (auch) äußeren Anlass dazu gibt, sei es durch die Ehefrau, durch die finanziellen Bedingungen, durch Arbeitgeber oder Nachbarn: Außendruck ist die Regel, nicht die Ausnahme. In Zwangskontexten kommt ein nicht unbedeutender äußerer Zwang hinzu: Das Nichterscheinen kann sehr empfindliche Folgen haben: Wegnahme der Kinder, Widerruf der Bewährung, Entzug des Geldes. Dies stellt sicherlich eine noch deutlich verschärfte Zwangssituation dar, ändert aber nichts an der Kritik an obigem Zitat: „Freiwilligkeit" und Eingangsmotivation sind keine Voraussetzungen für die Arbeit mit einem Klienten, sie sind überhaupt keine bedeutsamen Kategorien. Entscheidend ist vielmehr die Frage nach der Veränderungsmotivation. Weder Freiwilligkeit noch Eingangsmotivation sind „Einstiegsbedingungen" in die Beratung, die sozialarbeiterische Herausforderung liegt eben gerade darin, Freiwilligkeit gar nicht und Veränderungsmotivation als ein Ziel des gemeinsamen Handelns anzustreben. So gibt es freiwillige, eingangs-, aber nicht veränderungsmotivierte Klienten genauso wie unfreiwillig kontaktmotivierte und dennoch (vermeidend) veränderungsmotivierte Klienten.

Bedeutung der Motivation

Empirische Studien zur strafrechtlich angeordneten Drogentherapie deuten darauf hin, dass Freiwilligkeit und Therapieerfolg weniger im direkten Zusammenhang stehen, als die Veränderungsmotivation und der Erfolg können (Gegenhuber et al. 2007). Somit ist die Veränderungsmotivation als erstes Ziel im Beratungsprozess anzustreben.

Motivationsdiagnostik

c) Motivationsgestaltung ist integraler Bestandteil der Arbeit mit dem Klienten: Wenn dem so ist, und Motivation nicht vorausgesetzt werden kann, ist es notwendig, sich über die motivationalen Gegebenheiten der Klienten Rechenschaft abzulegen, d. h. in jedem Einzelfall zu diagnostizieren, welche motivationalen Voraussetzungen vorliegen und durch welche Strategien diese gegebenenfalls beeinflussbar sind (Steller 2005, 13). Dass dies nicht immer einfach ist, liegt ebenfalls in der Natur der Zwangskontexte und der Klienten, die sich dort finden: Es sind häufig Menschen mit riskanten Verhaltensweisen, Menschen, die sich selbst und andere in gefährliche Situationen bringen, insbesondere aber Menschen, für die die Gesellschaft einen gesellschaftlichen Auftrag an die Soziale Arbeit gibt, der eben nicht notwendigerweise identisch ist mit den Wünschen der Betroffenen selbst. Es erscheint also völlig nachvollziehbar, wenn die betroffenen Menschen sich zunächst dem Zugriff entziehen und ihre bisherige (wenn auch riskante) Lebensweise erhalten wollen.

Zusammenfassung

„Unmotivierte Klienten" gibt es auch im Zwangskontext nicht. Selbst wenn Klienten gezwungen werden, in einen Kontakt mit Sozialarbeiterinnen zu treten, sind sie – wenn man eine allgemeine Motivationstheorie zugrundelegt, zu irgendetwas „motiviert", wenn auch möglicherweise nicht zu dem, was gesellschaftlich von ihnen verlangt wird. Es gehört zu den Konstitutionsbedingungen Sozialer Arbeit, die Klienten zunächst so zu akzeptieren, wie sie sind, also keine Eingangsmotivation zu erwarten, sondern eine Veränderungsmotivation mit ihnen zu erarbeiten. Wichtig ist allerdings auch, dem Klienten die Motivation nicht von vornherein abzusprechen, nur weil er gezwungenermaßen kommt, ihn aber auch nicht sofort für motiviert zu halten, nur weil er zur angebotenen Hilfe nicht gleich Nein sagt und vielleicht gern zu den Gesprächen kommt. Auch diese Tatsache, die häufig schon als „Motivation" bezeichnet wird, ist kein Indikator für Veränderungsmotivation. Insofern gilt es, genau zu diagnostizieren und dann die Bedingungen gemeinsam zu erarbeiten, dass „Hilfe" überhaupt gelingen kann.

2 Wie entsteht Motivation?

Bereits im Eingangskapitel wurden die verschiedenen Faktoren genannt, die für Motivation generell verantwortlich sind. Im Folgenden geht es nunmehr um Veränderung von Motivation unter den Bedingungen des Zwangskontextes. Dabei gehen wir zunächst von der Situation aus, dass die von der Gesellschaft geforderte Veränderung (z. B. Drogenfreiheit) vom Klienten (noch) nicht gewünscht wird. Anhand dieser Ausgangssituation können wir die Mechanismen der Motivationsentstehung noch einmal konkretisieren, indem wir sie auf diese Situationen anwenden.

2.1 Behandlungsmotivation oder Veränderungsmotivation?

Der allgemeine Motivationsbegriff ist der Rahmen, in dem sich die Veränderungsarbeit innerhalb eines Zwangskontextes abspielt. Dieser allgemeine Motivationsbegriff lässt sich weiter ausdifferenzieren. In der Literatur finden sich zahlreiche Begriffe, was innerhalb eines Behandlungskontextes darunter zu verstehen ist. Veith (1997) widmet gar seine Dissertation dem Thema der „Spezifizierung einer unspezifischen Therapievariablen" (so der Untertitel seiner Dissertation). Wenn wir ihm folgen, so finden wir drei Motivationsklassen:

a) Therapiemotivation: Gemeint ist das, was häufig als „Behandlungsmotivation" begriffen wird. Kriterien sind z. B. die Einhaltung der Regeln der Therapie, die korrekte Einnahme von Medikamenten, die Übernahme der Diagnose des Therapeuten (Meichenbaum / Turk 1994). Sie wird verstanden als Resultate von Leidensdruck und der Zuversicht, durch die Behandlung diesen Leidensdruck erfolgreich vermindern zu können (Suhling et al. 2012). Vermischt werden beide Motivationsstränge hauptsächlich, so Heidenreich, in der Psychoanalyse (Heidenreich 2000, 27), was zu der ebenso fatalen wie verbreiteten Anschauung mancher Professioneller führte, dass der Leidensdruck hoch gehalten werden müsse, um die Behandlungsmotivation zu stärken (so postuliert Petry 1993, 135: der Klient muss seine Situation unerträglich finden und überzeugt sein, dass angebotene Behandlung bei der Lösung der Schwierigkeiten erfolgreich sei). Wichtige

Parameter wie die Selbstwirksamkeitserwartung, aber auch die Person des Therapeuten sowie weitere Ressourcen bleiben außen vor, wenn es darum geht, „nichtbewußte kognitive Mechanismen" aufzudecken (172). Einen gewichtigen Grund gegen eine solch vereinfachende Sichtweise nennen Michalak et al. (2007, 1333), wenn sie betonen, dass ein Mensch, selbst wenn er leidet, beispielsweise dann nicht zur Veränderung motiviert sei, wenn er andere Menschen für sein Leiden verantwortlich mache. Zudem ist die Therapiemotivation schwer zu messen (Sonnenmoser 2017).

b) Veränderungsmotivation: Veränderungsmotivation „wird als eine dynamische, veränderliche Größe verstanden, die inhaltlich in der Bereitschaft besteht, in Zukunft nach anderen Lebenswegen zu suchen, eigene Auffassungen zu revidieren und Dinge wertzuschätzen bzw. zu tolerieren, die die Betroffenen zuvor abgelehnt haben" (Suhling/Cottonaro 2005, 385). Der Fokus liegt hier nicht auf der Einhaltung der Regeln der Behandlung, sondern auf der Selbstattribution des Verhaltens des Klienten: Er sieht ein, dass sich sein Denken und Verhalten ändern muss. Wenn wir uns z. B. einen Drogenabhängigen vorstellen, so stellt er sich (und wir uns mit ihm) die Frage nach den Vor- und Nachteilen seiner Drogensucht, nach den Gewinn- und Verlustteilen, kurz: nach Gründen für das Beibehalten oder das Verändern des Verhaltens. Miller nennt den Fokus deshalb „the probability that a person will enter into, continue and adhere to a specific change process" (Miller 1985, 88). Diese Veränderung relevanter Aspekte seines Verhaltens (Heidenreich 2000, 27) ist nicht vorauszusetzen, sodass man nicht davon ausgehen kann, dass der Drogenabhängige, der gern zur Beratung kommt, mithin eine Kontaktmotivation hat, schon zur Veränderung motiviert ist (29). Insofern müssen Kontaktmotivation und Veränderungsmotivation genau unterschieden werden.

c) Beziehungsmotivation: Die dritte Komponente, die Klienten motivieren kann, entspringt aus dem Anschlussmotiv, also dem Bestreben, zu einer menschlichen Gemeinschaft zu gehören. Im Zusammenhang mit der damit möglichen motivierenden Therapeutenbeziehung, schreiben Noack und Beiling (2019, 24):

> „Die Entwicklung einer guten therapeutischen Beziehung in der Zusammenarbeit von Patient und Behandler ist von wesentlicher Bedeutung im Aufbau, der Sicherstellung und Steigerung von Motivation; sowohl im Hinblick auf die Motivation, eine Therapie nach einem ersten Kennenlernen aufzunehmen und fortzusetzen (Therapiemotivation), als auch in der Therapie notwendige Verhaltensänderungen vorzunehmen (Veränderungsmotivation)."

Diese Aussage gilt selbstverständlich für Psychotherapie genauso wie für Soziale Arbeit.

Bedeutung für die Soziale Arbeit

Sozialarbeiterisch gesehen müssen wir die angestrebte „Veränderungsmotivation“ als eine Oberkategorie zur dargestellten „Behandlungsmotivation“ sehen, die auch ohne Veränderungsmotivation denkbar ist, z. B. um dem Gefängnis zu entkommen (Suhling/Cottonaro 2005, 386). Gerade in Zwangskontexten ist es deshalb fatal, Behandlungsmotivation und Änderungsmotivation gleichzusetzen. Ein Klient mag durchaus äußerlich „compliance“ zeigen, weil er sich davon Vorteile verspricht (z. B. Hafterleichterung), ohne im Mindesten veränderungsbereit zu sein. Insofern muss der Fokus unserer Untersuchung zunächst eindeutig auf der Veränderungsmotivation liegen, ohne wichtige Aspekte von Beziehungs- und Behandlungsmotivation zu vernachlässigen. Man kann sich im Übrigen auch das Umgekehrte vorstellen: Klienten, die sich verändern wollen, aber nicht glauben, dies mit dem zwangsweise zugewiesenen Berater durchführen zu können.

2.2 Bedingungen für das Entstehen von Motivation

In jüngeren Publikationen wird eine erweiterte Sicht der Veränderungsmotivation angeboten, die wie folgt charakterisiert werden könnte (nach: U. S. Department of Health and Human Services 2006):

- Die Entstehungsbedingungen der Motivation sind dynamisch (→ 2.2.1).
- Motivationsentstehung ist ein komplexer Vorgang (→ 2.2.2).
- Motivation ist beeinflusst von sozialer Interaktion (→ 2.2.3).
- Motivation setzt Wollen in Handlung um (→ 2.2.4).

2.2.1 Die Dynamik der Entstehung von Motivation

Grundbedürfnisse

Grawe (2004) geht von einer prinzipiellen Annahme aus: So wie ein Mensch im physischen Bereich Grundbedürfnisse hat (Maslow (1954) hat in seiner Bedürfnispyramide von einer hierarchischen Ordnung gesprochen, nach der die „Basis“ beispielsweise aus Essen, Trinken, und körperlicher Unversehrtheit besteht), so gibt es auch im psychischen Erleben Grundbedürfnisse.

Grawe kann vier solcher psychischen Grundbedürfnisse identifizieren (zum Modell von Grawe → Abb.1):

1. Bedürfnis nach Orientierung und Kontrolle
2. Bedürfnis nach Lustgewinn / Unlustvermeidung
3. Bindungsbedürfnis
4. Bedürfnis nach Selbstwerterhöhung / -schutz

(Grawe 2004, 189)

Wie bei körperlichen Bedürfnissen auch unternehmen der menschliche Organismus und sein psychischer Apparat alles, um die psychischen Grundbedürfnisse zu befriedigen. Die Mittel, die das Individuum dazu entwickelt, die Strategien und Vorgehensweisen, nennt Grawe die „motivationalen Schemata". Diese bestehen jeweils aus einer Erwartung und einem differenzierten Verhaltensrepertoire zur Realisierung der Ziele. Soll also ein Bindungsbedürfnis realisiert werden, ist das motivationale Schema einerseits die Erwartung an ein anderes Wesen, dass es das eigene Bedürfnis erfüllen kann, andererseits ein bestimmtes Verhalten, um mit diesem Wesen eine Bindung eingehen zu können. Es ist unmittelbar einleuchtend, dass in der nun folgenden Interaktion eine Rückmeldung erfolgt, ob das Verhalten im Sinne des Bedürfnisses zielführend war. Wenn diese Frage bejaht wird, wird das entsprechende Verhalten (z. B. Flirttechnik) als positive Erfahrung gespeichert und vermutlich wieder verwendet, wenn es die Situation verlangt. Ist das Verhalten nicht erfolgreich, wird das Bindungsbedürfnis also nicht nur nicht befriedigt, sondern der Mensch zurückgestoßen, resultiert daraus die Lernerfahrung, sich beim nächsten Annäherungsversuch zu schützen, um nicht wieder verletzt zu werden. Insofern kann Grawe zwischen motivationalen Annäherungsschemata (positive Lernerfahrung) und Vermeidungsschemata (Erfahrung der Verletzung) unterscheiden.

Kongruenz / Konsistenz

Grawe operiert nun mit zwei weiteren Bedürfnissen, die eine Art „Metabedürfnis" darstellen:

- das Kongruenzbedürfnis und
- das Konsistenzbedürfnis.

Kongruenz entsteht, wenn in der Interaktion mit der Umwelt mit den zur Verfügung stehenden Mitteln die motivationalen Ziele erreicht werden. Inkongruenzsignale werden registriert, wenn sie verfehlt werden.

Konsistenz meint die „Übereinstimmung bzw. Vereinbarkeit der gleichzeitig ablaufenden neuronalen / psychischen Prozesse" (Grawe 2004, 186) und heißt, dass innerhalb des Menschen (seines „Systems", wie Grawe es nennt) die verschieden psychischen Prozesse koordiniert werden können und müssen. Deshalb kann Grawe bei der „Konsistenz" auch von „psychischem Funktionieren" (186) sprechen.

Inkonsistenz dagegen entsteht durch Gleichzeitigkeit unvereinbarer psychischer Prozesse, z. B. motivationaler Schemata. Wenn ein Schüler vor den Hausaufgaben sitzt, weil er weiß, dass seine Mutter ihn demnächst danach fragen wird, gleichzeitig aber draußen die Freunde mit dem Fußball auf ihn warten, sind mehrere Bedürfnisebenen berührt: Das Bindungsbedürfnis, die Mutter nicht zu enttäuschen, kämpft mit dem Lustbedürfnis zu spielen und dem Unlustvermeidungsbedürfnis, die Hausaufgaben möglichst schnell loszuwerden. Hier haben wir es mit einem klassischen Fall von Inkonsistenz zu tun.

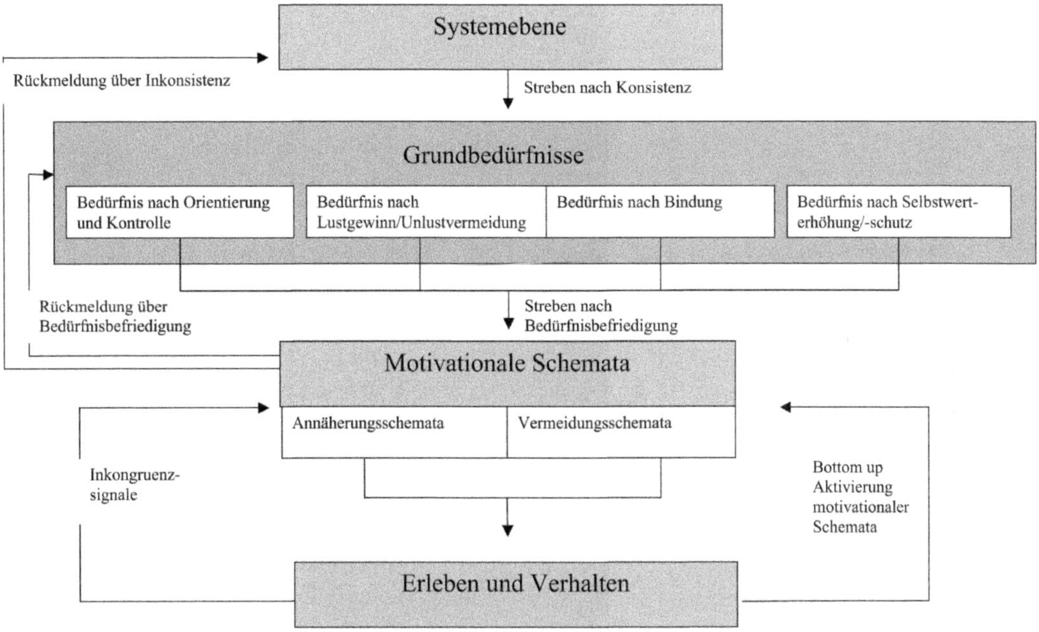

Abb. 1: Konsistenztheoretisches Modell nach Grawe 2004, 189

Grawe differenziert dieses Thema in seinem Buch anhand der verschiedenen psychischen Grundbedürfnisse aus, was zu bemerkenswerten Schlüssen führt, die wir im Einzelnen nicht ausführen können. Lediglich bei der „komplementären" (oder motivorientierten) Beziehungsgestaltung werden wir darauf zurückkommen.

Bedürfnisbefriedigung

Für unser Thema ist wichtig: Streben nach Konsistenz und Kongruenz, also nach innerer und äußerer Übereinstimmung von Bedürfnissen und Bedürfnisbefriedigung, sind zwei große motivationale „Beweger", d. h. sie treiben den Menschen an, sich in Richtung seiner Bedürfnisse zu verändern. Er geht aktiv auf die Suche nach Möglichkeiten der Bedürfnisbefriedigung. Diese aktive Suche nach Möglichkeiten der Bedürfnisbefriedigung in einer stetig wechselnden Umwelt bedeutet auch, dass die Möglichkeit von Motivationsentstehung pausenlos gegeben ist, so schnell eben, wie die Umwelt mit inneren psychischen Zuständen interagieren kann. Das Bestreben nach Kongruenz (Übereinstimmung zwischen Bedürfnis und externer Bedürfnisbefriedigung) und Konsistenz (Übereinstimmung der innerpsychischen Bedürfnisse) bzw. der Vermeidung von Inkongruenz und Inkonsistenz bringen den Menschen immer in eine aktive Auseinandersetzung mit sich und seiner Umwelt.

Die sich daraus ergebende Dynamik hat allerdings zwei Seiten: Zum einen ist der Motivationsprozess nie abgeschlossen; man kann prinzipiell nicht von „unmotivierten Menschen“ sprechen. Zum anderen ist aber die Motivationslage nie fixiert (nach dem Motto: einmal motiviert, immer motiviert). Das macht die praktische Motivationsarbeit einerseits nie ganz aussichtslos, andererseits aber auch nie ganz abgeschlossen.

2.2.2 Komplexität der Motivationsentstehung: Kognitive Vorgänge

Interaktion zwischen Mensch und Umwelt

Wie gesehen ist das Streben nach Kongruenz und Konsistenz ein wichtiger „Antreiber“ für einen Menschen. Allerdings weiß jeder von sich selbst, wie schwierig beides zu erreichen ist. Eine der Schwierigkeiten liegt in der Komplexität der Interaktion zwischen Person und Umwelt begründet. Wenn es schon nicht ganz einfach ist, die eigenen Bedürfnisse miteinander zu koordinieren (Konsistenz), dann wird es erst richtig kompliziert, wenn nicht beherrschbare äußere Faktoren hinzukommen, wie unser Hausaufgabenbeispiel zeigt: Der vor seinen Hausaufgaben sitzende Junge hat es ja faktisch nicht nur mit seinen Eltern auf der einen Seite und Freunden auf der anderen Seite zu tun, seine momentane Herausforderung liegt darin, deren Handeln zu antizipieren, d. h. gedanklich vorwegzunehmen, wie sie wohl reagieren werden.

Diese Antizipation der Handlungen oder auch der Gedanken anderer wiederum basiert auf wahrgenommenen Erfahrungen mit diesen (und anderen) Personen, die das Denken über diese Personen und überhaupt über die Welt prädisponieren. Man braucht nicht einmal an traumatische Erfahrungen zu denken, die unsere Wahrnehmung formen: In jeder unserer Wahrnehmungen steckt immer auch die Erfahrung früherer Wahrnehmungen. Insofern nehmen wir die Welt nicht wahr wie eine Filmkamera die Filmszene, sondern wir erfahren die Umwelt bereits in einer für uns typischen Verarbeitung. Diesen Vorgang nennen wir „Konstruktion" der Wirklichkeit, und Konstruktionen der Wirklichkeit liegen natürlich motivationalen Schemata zugrunde.

Realitätskonstruktion

Die Komplexität der Entscheidung für ein Ziel und damit der Motivation, es anzusteuern, liegt also in der Tatsache der „Realitätskonstruktionen" begründet. Das bedeutet, dass alle Menschen pausenlos Daten über sich selbst und ihre Umwelt aufnehmen und diese andauernd bewerten. Diesen Bewertungen liegt eine erworbene Kategorisierung zugrunde, die damit unausweichlich zu unserem Realitätsbezug und damit zum Ausgangspunkt unseres Verhaltens gehört. Diese zentrale Erkenntnis hat die systemische Therapie zu einem Ausgangspunkt ihrer Überlegungen zur Veränderungen des Klienten-Verhaltens gemacht (Pfeifer-Schaupp 2002). In diesem Zusammenhang sei erwähnt, dass Attribute wie „unkooperativ", „unmotiviert" oder „schwierig" bezogen auf Klienten Konstrukte sind, die zunächst viel über den „Konstrukteur" und weniger über den mit dieser Attribution gemeinten Menschen aussagen: Endres und Breuer (2011, 295) bezeichnen solche „Etiketten" als „zu kurz gegriffen", weil sie insbesondere das Misslingen von Behandlungen dem Klienten zuschreiben.

Eine Realitätskonstruktion ist das situative Ergebnis einer dauernden ununterbrochenen Interaktion zwischen inneren Motiven und Antrieben und äußeren Kontextbedingungen. Bildlich gesprochen könnte man sagen, dass die Waage immer in Bewegung ist, während fortwährend entweder von innen oder von außen auf die eine oder die andere Seite Gewichte gelegt werden, manchmal auch gleichzeitig. Die Bewertung der äußeren Faktoren hängt dabei von kognitiven Schemata ab, die wiederum von der Erfahrung einerseits und der aktuellen Gestimmtheit andererseits bestimmt werden. So kann der langfristige Wunsch, negative Konsequenzen zu vermeiden (z. B. Tod, Verletzungen im Gefängnis) durch die momentane situative Umgebung von kriminellen Freunden überlagert werden, die versprechen, jetzt sofort wieder einen „Kick" zu verschaffen. Diese Situationsbewertung von Umweltinformationen durch den Klienten ist dessen ureigenste „Rezeptionsleistung". Klienten „verarbeiten […] die Intervention und die damit verbundenen Informationen von außen nach eigenen Bewußtseinslogiken, die diametral zu denen der Sozialarbeiterinnen liegen können" (Miller 1999, 53). Für die Arbeit mit Menschen in Zwangskontexten ist es deshalb von zentraler Bedeutung, ihre Realitätskonstruktionen kennenzulernen.

Emotionen

Bei der Realitätskonstruktion spielen Emotionen eine große Rolle: Sie beeinflussen die Art der Informationsverarbeitung und die Auswahl von Handlungsalternativen (Rothermund / Eder 2009). So ist seit Langem bekannt, dass neurophysiologisch die Bahnung neuer Neuronenverbindungen (die hirnorganische Korrelation zu „Lernen") am besten mit Ausschüttung von Dopinamin vonstattengeht, also mit dem Erleben von Lust und Freude. Lernen ohne Dopamin ist wie „ein Segelboot ohne Segel"; Dopamin „energetisiert" die auf Annäherung oder Vermeidung ausgerichteten Zielhierarchien (Hoebel 1999, zit. in: Grawe 2004, 300).

Hoffnung

Kognitive Bewertung gibt es natürlich auch bei Therapeuten und Beratern: McMurran weist darauf hin, dass Therapeuten das Scheitern einer Therapie meist auf die fehlende Motivation beim Probanden zurückführen und nicht als eigenes (kommunikatives) Scheitern sehen (McMurran 2002). Die Kognitionen der Therapeuten und Berater bleiben nicht ohne Folgen für die Kognitionen der Klienten. Es liegt auf der Hand, dass ein Berater einen Klienten, den er für therapieresistent hält, anders behandelt und dass die Ergebnisse unterschiedlich sind (Klug et al. 2012).

Wesentlich für Motivationsentwicklung von Klienten ist die Mobilisierung von Zuversicht und „Hoffnung" auf Besserung. Wenn es dem Berater gelingt, einer reinen Konstruktion von „Misserfolgsszenarien" mit der Folge von sich selbsterfüllenden Prophezeiungen entgegenzuwirken, ist die Hoffnung auf Verbesserung der Lebensumstände ein wichtiger Motivations- und Wirkfaktor (Grawe et al. 1994). Diese Erkenntnis wurde bei der Beobachtung der Wirkung von Interventionen mit spirituellen Inhalten bei Menschen mit Abhängigkeitserkrankungen gewonnen (Bennett 1998).

Personen-/Berater-variablen

Auch hier können wir die Defizite einer Konstruktion von „Behandlungsmotivation" sehen, die sich als reine „Bringschuld" des Klienten herausstellt, ohne dass der Berater oder Therapeut seinen Anteil daran sieht. Für die Straftäterbehandlung stellt Steller fest:

> „Tatsächlich besteht eine unauflösliche Interaktion von Institutionen-, Methoden- und Personenvariablen im Hinblick auf das Konzept der Behandlungsbedürftigkeit und Behandelbarkeit von Delinquenten. ‚Therapiegeeignetheit' ist nicht ohne weiteres selbstverständlich als Personenvariable zu konzeptualisieren (diese Person ist geeignet/nicht geeignet für diese Therapie), sondern kann gleichberechtigt als Methodenvariable verstanden werden (diese Therapie ist geeignet/nicht geeignet für diese Person). Wenn man außerdem in Betracht zieht, dass Einstellungen (Bereitschaften) von Straffälligen durch Eigenschaften der Umgebung, in der sie leben (Institutionenvariablen), beeinflusst sein können, so stellt sich die Betrachtung von Behandlungsbereitschaft als eindimensionale Personeneigenschaft sehr schnell als unzulässige Verkürzung heraus." (Steller 1994, 5 f.)

Wenn ein Klient zur Steigerung seiner Veränderungsmotivation angeregt werden soll, ist es zunächst wichtig, die Motivationslage des Probanden richtig einzuschätzen. Wie in diesem Kapitel deutlich werden sollte, ist dies nicht so einfach, wie es auf dem ersten Blick vielleicht scheint. Wie kann Motivation also sinnvoll diagnostiziert werden?

2.2.3 Einfluss von sozialen Interaktionen und Kontakten

Motivationsfaktoren

„Motivation" ist keine Eigenschaft eines Menschen, die dieser immer wie ein Charaktermerkmal bei sich trägt. Vielmehr ist sie in hohem Maße davon abhängig, wie das mögliche Handlungsergebnis oder die Ergebnisfolgen von dem betroffenen Menschen eingeschätzt werden, d. h. wie der Betreffende die Antwort der Umwelt auf das alte oder neue Verhalten antizipiert. Heckhausen / Heckhausen sehen Motivation immer in Abhängigkeit von der Person (ihren Bedürfnissen, Motiven und Zielen), der Situation (Gelegenheiten, Anreizen), der Person-Situations-Interaktion und der engen – mit Prozessen des Lernens verbundenen – Verschränkung zwischen Motivation und Handlung (Heckhausen / Heckhausen 2018,4).

Demzufolge wäre die Veränderungsmotivation beispielsweise bei Suchterkrankten neben der Krankheitseinsicht (Person) ganz wesentlich auch davon abhängig, wie sehr der Abhängige davon überzeugt ist, dass das bereitgestellte Angebot der Behandlung (Situation) bei der Lösung seiner Schwierigkeiten erfolgreich sein wird (Person-Situation-Interaktion). Wenn er dem Therapeuten zutraut, hilfreich zu sein, ist er motivierter als im gegenteiligen Fall. Zudem darf nach der subjektiven Beurteilung des Klienten die Behandlung nicht mit zu starken Belastungen verbunden sein. Ist der Betroffene andererseits davon überzeugt, dass sich die positiven Wirkungen auch ohne seine Aktivität einstellen, wird er nicht motiviert sein, Kraft dafür aufzubringen (Handlungs-Ergebnis-Erwartung).

Amotivation

Amotivation stellt sich also ein, wenn sich der Betreffende entweder von seinem Sozialarbeiter überfordert fühlt oder annimmt, dass dieser es schon „richten" wird, wenn man nur lange genug jammert oder leidet. Motivation hingegen ist dann zu erwarten, wenn einerseits genügend Hilfestellung vorhanden ist, die Kosten der Veränderung zu tragen, andererseits aber nicht die Erwartung besteht, dass die Änderung von außen kommt (Dahle 1995).

Diese Erkenntnis deutet auf eine wichtige methodische Konsequenz hin: In jedem Fall ist die Behandlungs- wie Veränderungsmotivation nie völlig losgelöst von der Einstellung des Klienten zu wichtigen Personen seiner Umgebung, zu denen Therapeuten oder Sozialarbeiter gehören, wenngleich diese natürlich nur einen Faktor in einem höchst komplexen Geschehen darstellt (Stucki 2004). Zu den die Motivation beeinflussenden „Kontexten" gehört demnach auch die Art der Interaktion des Sozialarbeiters mit seinem

Klienten, nämlich das, was man allgemein „Beziehungsgestaltung" nennt.

Einfluss der Kontexte

Andererseits ergibt sich aus dem Gesagten auch, dass unterschiedliche Kontexte zu unterschiedlichen Motivationslagen führen können: Andere Bezugspersonen können motivierend (oder demotivierend) wirken, ein Leben in Freiheit anders als ein Leben hinter Gittern (weshalb man vorsichtig sein sollte mit weitreichenden Prognosen über die Legalbewährung von Straftätern in Haft), die „Integration in Leistungsbereiche" (z. B. Beruf) kann für jugendliche Straftäter der Beginn einer fundamentalen Wandlung in Richtung Ausstieg aus der Kriminalität bedeuten (Stelly / Thomas 2004). Selbstverständlich gehört – sozialarbeiterisch gesehen – zum Lebenskontext des Klienten viel mehr als das formelle Hilfesystem. Weitere wichtige Faktoren sind: seine Familie, Arbeits- und Freizeitmöglichkeiten, die Wohnumgebung und vieles mehr, das es zu erhalten gilt oder nicht, Faktoren also, deren Wirkung der Klient gegebenenfalls anders bewertet als der Berater (Germain / Gitterman 1999).

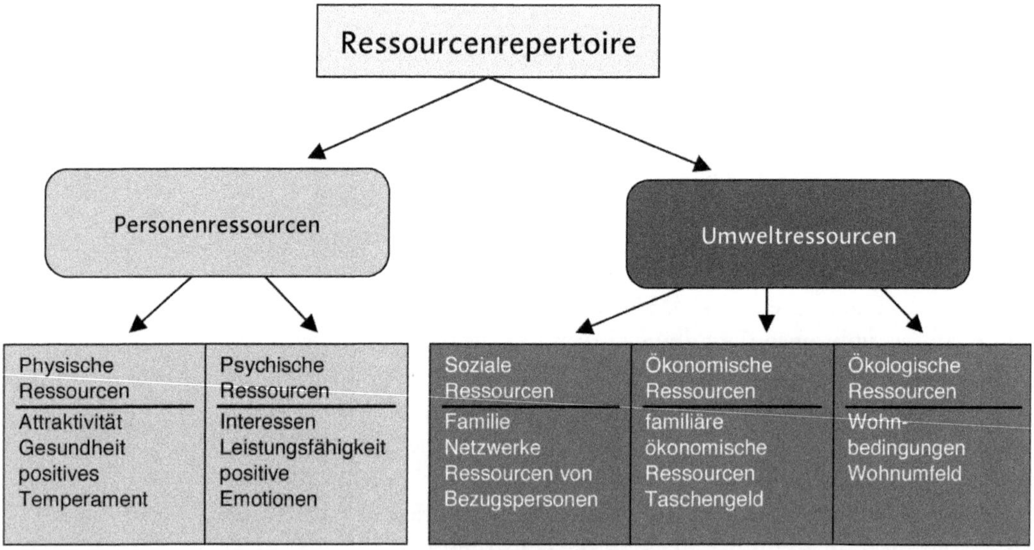

Abb. 2: Ressourcentaxonomie (nach: Klemenz 2003, zit. in: Borg-Laufs 2011, 85)

Diese Kontextfaktoren können für die Motivation des Klienten bedeutsam sein, müssen es aber nicht unbedingt. Es handelt sich dabei um stützende Umweltbedingungen, die eine Verhaltensänderung auf allen Stufen positiv begleiten können. Wissenschaftliche Erkenntnisse haben wiederholt die Wichtigkeit dieser häufig als „protektiv" bezeichneten Faktoren hervorgehoben (z. B. Lösel / Bender 1999). Um diese stützenden Kontexte zu identifizieren, ist eine „Ressourcentaxonomie“ hilfreich, wie sie Borg-Laufs (2011) in Anlehnung an Klemenz (2003) für Kinder und Jugendliche vorschlägt (→ Abb.2).

Ressourcen

In unserem Zusammenhang sind als stützende Kontexte besonders die „Umweltressourcen“ zu beachten, die dem Klienten helfen können, Wünsche in konkrete Ziele zu verwandeln und diese Ziele zu verfolgen.

Es muss nicht eigens betont werden, dass diese Ressourcen für unseren Zusammenhang nur relevant sind, wenn sie auf Motivation bezogen sind, d. h. wenn die Ressourcen tatsächlich genutzt werden können, um die Motivation zur Veränderung der entscheidenden Faktoren zu fördern.

2.2.4 Umsetzung des Wollens in Handlung

Bislang haben wir einige Komponenten der Motivationsentstehung betrachtet: die innere Dynamik (Konsistenz- und Regulationsbedürfnis), die kognitiven Wahrnehmungsvorgänge (Konstruktion der Wirklichkeit) und die soziale Interaktion mit der Umwelt. Diese Vorgänge führen zu einer inneren Konstellation der „Gerichtetheit auf einen Zielzustand“, sind also zu spüren als „eine Kraft, die eine Person zu einem erhofften Zustand hinzieht (Aufsuchenmotivation) oder von einem befürchteten Zustand wegdrängt (Meidenmotivation)“ (Sachse et al. 2012, 14). Bleibt die Frage, wie die inneren Vorgänge der Wahrnehmung und Verarbeitung in sichtbares und beschreibbares Handeln überführt werden.

das Rubikon-Modell

Für Heckhausen/Heckhausen (2018) ergeben sich in Bezug auf die Frage der Motivation zwei Problemstellungen: zum einen die Wahl von Handlungszielen, zum anderen die Realisierung dieser Ziele. Sie entwickelten aufgrund dieser Fragestellungen ihr bekanntes „Rubikon-Modell“, das vier Phasen der Motivationshandlung unterscheidet (im Folgenden orientieren wir uns an Achtziger / Gollwitzer 2018).

Die vier Phasen der Motivationshandlung des „Rubikon-Modells“:

- die Motivationsphase (abwägen)
- die Planungsphase (präaktional)
- die Handlungsphase (aktional)
- die Bewertungsphase (postaktional)

Das Modell hat seinen Namen von einer Episode aus dem römischen Reich: „Bekannt wurde der Rubikon durch den römischen Bürgerkrieg, den Gaius Iulius Caesar ab 49 v. Chr. gegen Gnaeus Pompeius Magnus führte. Der Römische Senat beschloss am 7. Januar 49 v. Chr., dass Gaius Iulius Caesar sein Heer entlassen und sein Imperium, d.h. seine Befehlsgewalt für Gallien und Illyrien, niederlegen müsse, ehe er erneut für das Konsulat kandidieren dürfe. Daraufhin überschritt Caesar am 10. Januar 49 v. Chr. mit seinen Truppen den Rubikon. Die bewaffnete Überquerung des Flusses in Richtung Süden – und damit in Richtung Rom – war gleichbedeutend mit einer Kriegserklärung an den römischen Senat. Caesar war sich bewusst, dass es ab diesem Punkt kein Zurück mehr gab, was er in dem berühmten Zitat „alea iacta est" („Der Würfel ist geworfen worden") zum Ausdruck brachte." (http://de.wikipedia.org/wiki/Rubikon, 02.08.2012)

Motivationsphase Die erste Phase des Rubikon-Modells (Motivationsphase) ist geprägt von einer Vielzahl von Wünschen, die zunächst noch weitgehend nebeneinander existieren und noch keine Präferenz erkennen lassen. Zwischen diesen Wünschen wird abgewogen. Dabei sind Fragen der Realisierbarkeit und Wünschbarkeit entscheidend. Das Rubikon-Modell geht dann von einer Fazit-Tendenz aus: Verschiedene Optionen werden so lange abgewogen, bis die Bewertung abgeschlossen ist und eine Option erstrebenswert erscheint. Den Schritt vom Abwägen zum Planen nennt Heckhausen „das Überschreiten des Rubikon" (Achtziger / Gollwitzer 2018, 359).

Planungsphase In der zweiten Phase (immer noch vor der Handlung, also präaktional) ist zwar die Entscheidung für ein Ziel gefallen, aber die Handlung kann nicht auf Anhieb durchgeführt werden. Es muss geplant werden, wie das angestrebte Ziel in Angriff genommen werden soll;. es geht demnach um die Realisierung der erwünschten Ziele. Wir werden auf diese Phase noch einmal zurückkommen.

Realisierungsphase In der dritten Phase werden die gefassten Pläne in die Realität umgesetzt. „Dies wird am besten durch beharrliches Verfolgen des Ziels und durch Anstrengungssteigerung bei Auftreten von Schwierigkeiten erreicht." (Achtziger / Gollwitzer 2018, 360).

Bewertungsphase In der vierten Phase schließlich wird das Handlungsergebnis durch den Handelnden bewertet:

> „Ist er mit diesem zufrieden, deaktiviert er das am Ende der prädezisionalen Handlungsphase gesetzte Ziel. Ist er mit diesem Handlungsergebnis nicht zufrieden, senkt er entweder sein Anspruchsniveau und deaktiviert das Ziel oder er behält dieses bei und plant neue Handlungen, die dafür geeignet erscheinen, den erwünschten Zielzustand doch noch zu erreichen." (Achtziger / Gollwitzer 2018, 361)

Überschreiten des „Rubikon“

Für unser Problem des Übergangs vom Wollen zum Handeln ist insbesondere der „Rubikon“ entscheidend, d.h. die Fragestellung: Wie gelingt der Schritt vom Denken zum Handeln, vom inneren Wunsch zum tatsächlichen Tun? Das Erste, was wir aus der Rubikon-Theorie entnehmen können: Das Abwägen von verschiedenen Handlungsalternativen (prädezisionale Phase) ist von der kognitiven Bewertung der Realisierbarkeit und der Wünschbarkeit der entsprechenden Handlung abhängig. Um die Realisierbarkeit zu bewerten, stellt sich der Handelnde z.B. folgende Fragen:

- Kann man die erwünschten Ereignisse durch eigenes Handeln herbeiführen (Handlungs-Ergebnis-Erwartung)?
- Stehen sowohl die zur Realisierung des Wunsches nötige Zeit als auch die Mittel zur Verfügung?
- Spielt der situative Kontext eine positive oder negative Rolle? (Achtziger/Gollwitzer 2010, 311)

Bei der Analyse der Wünschbarkeit sieht sich der Betreffende z.B. vor folgende Fragen gestellt:

- Wie werden die Konsequenzen sein, wenn ich das Ziel erreicht habe? Wie, wenn ich es nicht erreiche?
- Wie hoch ist die Wahrscheinlichkeit, dass ich mit dem Ziel tatsächlich meine Situation verbessere?

Die Zeit, die das Abwägen braucht, lässt sich nicht bemessen; ebenso wenig ist die Frage, ob es tatsächlich je zu einem „Fazit“ kommt, eindeutig zu bejahen. So viel kann aber aus Sicht der Rubikon-Theorie über die Wahrscheinlichkeit eines Überschreitens des Rubikon gesagt werden: Je mehr ein Handelnder das Gefühl hat, alle Optionen ausreichend bewertet – d.h. gegeneinander abgewogen – zu haben, desto stärker steigt die Fazit-Tendenz. Man kann, so raten Achtziger und Gollwitzer (2018, 359), den Prozess des Abwägens abkürzen, indem „man sich intensiv und detailliert darüber Gedanken macht, wie eine der abzuwägenden Alternativen in die Tat umgesetzt werden könnte.“ Für unseren Zusammenhang kann dies natürlich auch bedeuten, dass sich der Klient am Ende der Abwägung gegen eine Veränderung entscheidet.

Wenn-dann-Pläne

Ein Zweites: Mit dem Überschreiten des Rubikon entsteht ein Gefühl der Verpflichtung, des „commitment“. Allerdings – so betonen Faude-Koivisto und Gollwitzer – „führt das geglückte Setzen eines Zieles allein [...] nicht zur Erreichung des angestrebten Endzustands, da die Aufgabe der präaktionalen Phase des Zielstrebens, die Implementierung des Ziels, misslingt“ (Faude-Koivisto/Gollwitzer 2009, 210). Es hängt vielmehr von der Selbstregulationsfähigkeit ab, ob das Verhalten implementiert wird. Als effektives Instrument zur Förderung der Zielrealisierung bezeichnen die beiden Autoren sogenannte „Wenn-Dann Pläne". Sie gelten als ein effektives Mittel der Zielrealisierung. „Wenn-Dann Pläne besitzen das Format ‚wenn die Situation X eintritt, dann will ich das Verhalten Y ausführen!' und stehen im Dienste von Zielintentionen." (211).

In der Beratung werden diese Pläne detailliert mit dem Klienten erarbeitet, indem kritische Situationen identifiziert und alternative Verhaltensweisen skizziert werden. Ein praktisches Beispiel: Ehestreitigkeiten entstehen, weil der Ehemann nie pünktlich nach Hause kommt. Sein Wenn-dann-Plan: „Wenn ich das nächste Mal Überstunden machen muss, rufe ich meine Frau an." Faude-Koivisto und Gollwitzer räsonieren:

> „Wenn-Dann Pläne sind eine Strategie, in der sowohl das die Realisierung der Zielintention fördernde Verhalten, als auch eine günstige Situation, dieses Verhalten zu zeigen, festgelegt wird. Sie unterstützen die Zielrealisierung, indem sie bestimmen, wann, wo und auf welche Weise das Ziel erreicht werden soll." (211)

Für unseren Zusammenhang sind beide Beobachtungen bedeutsam: Zum einen bedeutet dies für die praktische Arbeit, möglichst intensiv und ausgiebig die verschiedenen Optionen mit dem Klienten zusammen zu betrachten und darin nicht nachzulassen, auch wenn es zunächst aussichtslos erscheint. Zum anderen ist der Übergang vom Wunsch zum Ziel damit verbunden, möglichst konkrete „Wenn-dann-Pläne" zu entwickeln (siehe ausführlich: Schwarz et al. 2019).

Zusammenfassung

Im letzten Kapitel wurden die Entstehungsbedingungen von Motivation dargestellt. Dabei waren Forschungsergebnisse aus verschiedenen Wissenschaftszweigen hilfreich.

Zunächst war zu bestimmen, von welcher Art von Motivation wir überhaupt sprechen: Dabei wurden Behandlungs-, Veränderungs-, und Beziehungsmotivation unterschieden und die Entscheidung begründet, weshalb wir im Folgenden von „Veränderungsmotivation" als entscheidender Motivationsart für unseren Kontext ausgehen.

Mit der Beschreibung des komplexen Zusammenspiels von Kognitionen, Emotionen, Verhalten und Motivation konnte gezeigt werden, wie komplex und dynamisch die inneren Lernvorgänge allgemein sind, und wie komplex wir uns damit auch Entstehung von Motivation im Besonderen vorzustellen haben. Dies wurde fortgeführt in einer ausführlichen Explikation der kognitiven Ebene, die für das Verständnis von Motivation von zentraler Bedeutung zu sein scheint, nämlich die Tatsache der „Realitätskonstruktion", die jeder Mensch ständig vornimmt. Die je indi-

viduelle (und auch situative) Bewertung von Fakten als veränderungs- oder nicht veränderungsbedürftig erscheint uns als ein Kern des Verständnisses von Motivationsentstehung.
Schließlich wurde dargestellt, dass Motivation beeinflusst ist von sozialer Interaktion und sozialen Kontakten, also zugänglich ist für Anregungen aus der sozialen Umwelt.
Mit dem Rubikon-Modell konnten wir Bedingungen erkennen, wie aus einem inneren Wollen ein konkretes Tun entsteht und welche praktischen Folgerungen daraus erwachsen.
Insgesamt also entsteht Motivation durch ein kompliziertes Wechselspiel von äußeren Faktoren und deren kognitiver und emotionaler Bewertung durch den Menschen. Wegen dieser Komplexität verbieten sich monokausale Erklärungsmodelle (z.B. „Leidensdruck") ebenso wie die Vorstellung, man könne Motivation von außen erzeugen.

3 Motivation ist veränderbar: Das Transtheoretische Modell (TTM)

Stufen der Veränderung

Veränderungsmotivation ist von vielerlei Faktoren abhängig, prinzipiell aber – wie gesehen – dynamisch und damit auch gestaltbar (Zobrist / Kähler 2017). Ein deskriptives Modell der Veränderung ist das Transtheoretische Modell (TTM) nach Prochaska et al. (1994). Es beschreibt den Prozess der Verhaltensänderung in fünf bzw. sechs diskreten, aufeinander aufbauenden Stufen, wobei Zeiträume, in denen sich ein Klient auf einer Stufe befindet, individuell stark variieren können. Das TTM stellt uns also ein Konzept vor, demzufolge Veränderung ein Prozess ist, der zeitlich und inhaltlich aufeinander aufbauende Stufen der Verhaltensänderung („stages of change") durchläuft. Das TTM hat u. a. folgende Grundannahmen (Keller et al. 1999, 18):

Grundannahmen des TTM:

a. Motivationsveränderung ist ein Prozess, der über die Zeit in einer Abfolge gewisser Stufen abläuft. Die Stufen sind gleichzeitig stabil und offen für Veränderung.
b. Ohne gezielte Interventionen werden die Personen auf einer gewissen Stufe verharren. Es gibt keinen inhärenten Automatismus, dass jemand von einer Stufe in eine andere wechselt.
c. Stufenspezifische Interventionen führen zu einer größeren Wahrscheinlichkeit, dass eine Stufe durchlaufen wird, als das Agieren ohne Berücksichtigung der Stufenlogik.
d. Stufenspezifische Interventionen richten sich auf die Verbesserung der Selbstkontrollfähigkeit.

3.1 Motivationsstufen

Prochaska und Levesque (2002) adaptierten das Modell auf die Motivationsstufen von Straffälligen:

1. Stufe: Absichtslosigkeit: Menschen in diesem Stadium denken nicht oder fast nicht über Verhaltensveränderung in absehbarer Zukunft (die nächsten sechs Monate) nach, obwohl ihr Umfeld durchaus Veränderungsbedarf sieht. Sie verharren in diesem Stadium, weil sie zu wenig über die Konsequenzen ihres Verhaltens wissen, oder sind entmutigt, weil sie bei bisherigen Versuchen, ihr Verhalten zu ändern, gescheitert sind. In beiden Fällen lesen, sprechen und denken die Menschen nicht über ihr hochriskantes Verhalten. Sie neigen dazu, die Vorteile einer Verhaltensänderung zu unter- und den Aufwand zu überschätzen (Prochaska / Levesque 2002).

Charakteristische Klientenaussagen

„An meinem Problem kann ich sowieso nichts ändern."
„Ja, ja der Alkohol. ... andere trinken mehr als ich."
„Ich war schon bei der Suchtberatung, die konnten mir auch nicht helfen."
„In meinem Alter hat eine Therapie keinen Sinn mehr."

2. Stufe: Absichtsbildung oder Nachdenklichkeit: Die Absichtsbildung ist durch die bewusste Auseinandersetzung der Person mit den Problemen, Risiken und Gefahren des eigenen Verhaltens gekennzeichnet. Dieser Auseinandersetzung folgen aber keine unmittelbaren Handlungen und Maßnahmen, das Verhalten zu verändern. Personen in dieser Stufe sind sich über ihr problematisches Verhalten bewusst, Veränderungen stehen sie jedoch ambivalent gegenüber. Vor- und Nachteile einer Verhaltensänderung halten sich die Waage. Dies führt dazu, dass die Personen zwar vorhaben, sich in absehbarer Zeit (sechs Monate) zu verändern, im Moment aber keine Handlungen beginnen.

Charakteristische Klientensätze

„Ich würde ja was machen, ich weiß aber nicht, wie das geht."
„Meine Lebensgefährtin würde sich von mir trennen, wenn ich auf Therapie gehe."
„In meinem Alter hilft doch keine Therapie mehr ..."
„Ich würde ja gehen, aber mein Hund ..."

3. Stufe: Vorbereitung: Menschen auf dieser Stufe sehen eher die Vorteile einer Veränderung und beabsichtigen in der unmittelbaren Zukunft (im nächsten Monat) zu handeln. Erste Pläne werden geschmiedet. Diese Stufe ist allerdings eine Durchgangsphase (ca. 30 Tage), da man nicht unendlich planen kann. Entweder werden die Pläne dann durchgeführt, oder aufgegeben. Die entscheidende Frage ist: Traut sich der Klient die Veränderung zu, deren Notwendigkeit er eingesehen hat, oder nicht („Selbstwirksamkeitserwartung“ nach Bandura 1997)?

Charakteristische Klientensätze

„Wie sieht so eine Therapie aus? Was muss ich machen?“
„Gestern habe ich mir die Einrichtung angeschaut, mir wird ganz schlecht, wenn ich daran denke!“

4. Stufe: Handlungsstadium: In diesem Stadium vollziehen Menschen beobachtbare Veränderungen in ihrem Lebenswandel. Sie führen die Veränderungspläne durch, probieren neue Verhaltensweisen aus, nehmen auch Mühen auf sich. Das entscheidende Kriterium für diese Stufe ist das tatsächliche Verhalten des Probanden, das in Richtung auf Selbstveränderung abzielt.

5. Stufe: Aufrechterhaltung: Menschen in diesem Stadium arbeiten daran, den Rückfall zu verhindern, setzen dafür aber nicht so regelmäßig Veränderungsprozesse ein wie im Handlungsstadium. Sie werden zunehmend selbstsicher, dass sie die Veränderung erhalten können. Dieses Stadium kann zwischen sechs Monaten und fünf Jahren, aber auch lebenslang dauern.

6. Stufe: Ausstieg: In der letzten Stufe verspüren Menschen keine Versuchung mehr und sind zuversichtlich, dass sie nie mehr in ihre alten Gewohnheiten zurückfallen werden, egal, wie viele emotionale Belastungen sie erfahren (Prochaska / Levesque 2002).

Wie kann vor diesem Hintergrund Motivation zur Veränderung entstehen? Welche Interventionen sind in welchem Stadium hilfreich, um Motivation zur Selbstveränderung zu fördern? Das TTM erscheint uns sowohl in theoretischer als auch in praktischer Hinsicht ein entscheidender theoretischer Baustein zu sein.

3.2. Stufengerechte Intervention

Einer der Begründer des TTM, Carlo DiClemente, betont in einem Artikel, den er zusammen mit Mary Velasquez verfasst hat, die Nähe des TTM zur Motivierenden Gesprächsführung (MI) (Anmerkung: Erstaunlicherweise ist der profunde Artikel in der deutschen Übersetzung des Standardwerkes von Miller und Rollnick, „Motivierende Gesprächsführung" nicht enthalten.). Die Verbindung von TTM zu MI sehen die Autoren v.a. in den ersten beiden Stufen des TTM, die Miller/Rollnick in ihre „Stufe 1: Motivation zur Veränderung aufbauen" zusammengefasst haben (Miller/Rollnick 2009). DiClemente und Velasquez weisen hier auf einen häufigen Fehler hin: mit einem Klienten praktische Veränderungsschritte einzuleiten, während dieser überhaupt kein Problembewusstsein hat (DiClemente/Velasquez 2002, 203). Diese Erfahrung bestätigen auch andere Wissenschaftler und Praktiker (z.B. Elsner/König 2009).

stufengerechte Intervention

Die Interventionen sind demnach darauf auszurichten, auf welcher Stufe sich der Klient befindet, was nichts anderes heißt, als einzuschätzen, auf welcher Stufe sich der Klient gerade befindet, und ihn dann dabei zu unterstützen, von einer Stufe zur nächsten zu gelangen. Dabei ist es generell wichtig, die Eigenart der jeweiligen Veränderungsstufe zu kennen. Keller et al. (1999, 19) betonen: „Für eine erfolgreiche Veränderung eines Problemverhaltens ist jedoch das Durchlaufen aller Stufen und das Umsetzen der in diesen Stufen relevanten Verhaltensprozesse [...] essentiell, da ansonsten das Risiko für Rückfälle in ungünstige Verhaltensgewohnheiten deutlich erhöht ist."

Folgende **Prinzipien und Prozesse der Veränderung** können dabei hilfreich sein:

- Um von der Stufe der Absichtsbildung in ein Handlungsstadium zu gelangen, ist es wichtig, dass die Argumente gegen die Veränderung abnehmen.
- Die Vorteile der Veränderungen müssen gegenüber den Nachteilen überwiegen, damit Probanden bereit sind zu handeln.
- Die Vorteile der Veränderung müssen um eine Standardabweichung zunehmen, damit die Entwicklung von der Absichtslosigkeit zur effektiven Handlung gelingt.
- Die Nachteile der Veränderung müssen um eine halbe Standardabweichung abnehmen, damit der Proband von der Stufe der Absichtsbildung zur effektiven Handlung gelangt.

Da die Vorteile der Veränderung also doppelt so stark ansteigen müssen wie Nachteile abnehmen, sollte im Motivationsprozess mehr Wert auf den Nutzen einer Veränderung als auf die Nachteile gelegt werden.

3.3 Motivationsdiagnostik: Klärungs- und Handlungsorientierte Interventionen

An dieser Stelle soll nicht über das generelle Für und Wider von Diagnostik allgemein geschrieben werden, da das an anderer Stelle kompetent geschehen ist (z. B. bei Gahleitner et al. 2014 mit weiteren Literaturverweisen). Wir schließen uns hier der Forderung von Pantucek (2005, 15) an, der kurz und knapp feststellt: „Wir brauchen nachvollziehbare und beschreibbare Verfahren der Sozialen Diagnose." Dies gilt auch für die Motivationsförderung.

Diagnostik mit TTM

Für diesen Zweck taugt das Transtheoretische Modell der Veränderung nach Prochaska / DiClemente, das, wie gesehen, den Verlauf der Veränderungsmotivation beschreibt. Eine Verhaltensänderung geschieht in einem Entwicklungsverlauf, dessen fünf Stadien aufeinander aufbauen und bestimmte Prozesse der Veränderung beinhalten (Keller et al. 1999, 18 f.). Das Durchlaufen des Veränderungsprozesses ist typischerweise linear, allerdings ist ein Zurückfallen in vorherige Stufen eher die Regel (29). Dabei muss allerdings nicht wieder bei null anfangen werden, es werden vielmehr die bisherigen Erfahrungen für den nächsten Veränderungsversuch verarbeitet (23 f.).

Es bedarf bestimmter Veränderungsprozesse, die genau auf die spezifischen Stufen der Veränderung angepasst werden müssen (→ Abb. 3). In den ersten Stufen der Absichtslosigkeit und der Absichtsbildung wirken eher kognitiv-affektive Strategien, in der Vorbereitungs- und Handlungsstufe eher verhaltensorientierte Strategien (Prochaska / Levesque 2002).

Absichtslosigkeit	Absichtsbildung	Vorbereitung	Handlungsstadium	Aufrechterhaltung

1. Steigerung des Problembewusstseins
2. Wahrnehmung förderlicher Kontextbedingungen
3. Emotionales Erleben
4. Selbstneubewertung
5. Selbstverpflichtung
6. Hilfreiche Beziehungen
7. Management der Verstärkung/Sanktionierung
8. Gegenkonditionierung
9. Kontrolle der Umwelt

Abb 3: Stufen im Veränderungsprozess im Überblick (in Anlehnung an Prochaska / Levesque 2002, 66)

„Für eine erfolgreiche Veränderung eines Problemverhaltens ist jedoch das Durchlaufen aller Stufen und das Umsetzen der in diesen Stufen relevanten Verhaltensprozesse [...] essentiell, da ansonsten das Risiko für Rückfälle in ungünstige Verhaltensgewohnheiten deutlich erhöht ist." (Keller et al. 1999, 19)

3.3.1 Klärungsorientierte Veränderungsstrategien (Stufe 1 / 2)

a) Strategien in der Stufe der Absichtslosigkeit: Die Stabilität dieser Stufe ist begründet in

- einer geringen Differenz zwischen der Bewertung des gegenwärtigen Zustandes (IST) und dem Zustand, wie es sein sollte (SOLL),
- fehlendem Problembewusstsein,
- Angst vor Veränderungen und damit einhergehender
- Neutralisierung von Veränderungsimpulsen.

Problemeinsicht

Die Stabilität in dieser Stufe ergibt sich also dadurch, dass sich der Klient in seine „Glaubenssätze" einigelt, keine Gegenargumente an sich heranlässt bzw. diese neutralisiert. Wird er nun mit Entgegnungen konfrontiert, die ihm das Gegenteil beweisen sollen, wird vermutlich der Widerstand zunehmen und er wird versuchen, das eigene Konstrukt zu verteidigen (s. die wohl noch immer aktuellen Untersuchungen von Brehm / Brehm 1981). Insofern betont Rosengren (2009, 9) als erstes generelles Prinzip der Gesprächsführung mit solchen Klienten: „Resist the righting reflex". Ein Streitgespräch in der Stufe der Absichtslosigkeit nennt er ein „wrestling" (27), das in der Regel zu erhöhtem Widerstand und der Überzeugung des Beraters führt, man habe es zweifellos mit einem „unmotivierten" oder gar „therapieresistenten" Klienten zu tun.

Ziel: Ambivalenzen erzeugen

Ziel der Arbeit auf dieser Stufe ist es, die festgefahrenen „Glaubenssätze" zu erschüttern, mit anderen Worten: Zweifel zu sähen und Ambivalenzen zu erzeugen. Prochaska / Levesque (2002) schlagen für diese Phase drei Methoden vor:

1. Steigerung des Problembewusstseins: Durch das geduldige, freundliche, aber hartnäckige Nachfragen sollte etwas entstehen wie ein „mentales Kontrastieren": Angesichts von realisierbaren und nicht realisierbaren Fantasien entsteht ein Kontrast zwischen dem derzeitigen Zustand und einer positiven Zukunft:

> „Durch das abwechselnde Elaborieren von positiven Aspekten der Zukunft (z. B. eine attraktive Person kennen lernen) und hinderlichen Aspekten der gegenwärtigen Realität (z. B. schüchtern sein) werden Zukunft und gegenwärtige Realität simultan kognitiv zugänglich und die Realität erscheint der erwünschten Zukunft im Wege zu stehen. Dadurch entsteht eine Handlungsnotwendigkeit, die die Frage aufwirft, ob die gegenwärtige Realität in Richtung der erwünschten Zukunft verändert werden kann." (Gawrilow et al. 2009, 185)

Zielbildung durch Kontrast

Das Problembewusstsein, so die Autorinnen, entsteht allerdings weder durch das Dramatisieren des Ist-Zustands allein noch durch das Schwelgen in Zukunftsphantasien. Erst der Kontrast von beidem lässt eine starke Zielbildung entstehen, die eine Handlung in die erwünschte Richtung wahrscheinlicher macht.

Neubewertung wichtiger Faktoren

2. Wahrnehmung förderlicher Kontextbedingungen: Bereits in der Ressourcentaxonomie (→ 2.2) wurden Ressourcen identifiziert, die für eine Veränderungsmotivation förderlich sind. An dieser Stelle sei noch einmal betont, wie notwendig hier eine systematische „reevaluation" (Prochaska / Levesque 2002) der Umwelt ist: Auch wenn scheinbar der einzelne Faktor negativ bewertet wird, ist zu prüfen, ob er nicht doch vom Klienten neu bewertet werden kann. In dieser Stufe sollte dann versucht werden, die fördernden Faktoren bewusst ins Spiel zu bringen.

Bei der Neubewertung der Umweltkontextfaktoren sollten selbstverständlich auch solche bewertet werden, die als Ressourcen nicht (mehr) infrage kommen, aber dennoch wichtig für den Lebenszusammenhang des Betreffenden sind, z. B. seine möglichen Opfer. Wir weisen ausdrücklich darauf hin, dass wir keinen Stereotypen verfallen dürfen (z. B. Sexualstraftäter als empfindungslos zu betrachten), sondern vielmehr mit den Klienten die Auswirkungen ihres Tuns auf die sozialen Bezüge thematisieren sollten.

Thematisierung der affektiven Bewertung

3. Emotionales Erleben: Storch (2011) weist darauf hin, dass Ziele nicht nur eine inhaltliche, sondern auch eine „gefühlte", also emotionale Seite haben. Sie bezieht sich auf das sogenannte „Extensionsgedächtnis", das Funktionssystem, das nach Kuhl „assoziative Netzwerke aller autobiographischen Erfahrungen, Bedürfnisse, Motive, aktuelle Befindlichkeit, Ziele, Normen und Werte einer Person enthält" (Storch 2011, 191). Um Motivationen zu verändern, muss deshalb nicht nur die kognitive Seite beleuchtet und thematisiert werden, sondern auch die „affektive Bewertung". Denn: je positiver die affektive Einstellung zu einem bestimmten Zielzustand ausfällt, desto schneller können entsprechende bindende Ziele generiert werden (197), während negative Affekte die motivierende Wirkung eines Zieles schwächen. Prochaska / Levesque (2002) sehen hier Chancen in Übungen wie Psychodrama, Rollenspielen und persönlichen Zeugnissen (z. B. von Opfern).

Michalak et al. (2007, 1347) sehen weitere Möglichkeiten der Vorgehensweise in dieser Stufe:

- gezieltes Aufgreifen möglicher Sorgen,
- Anknüpfen an die Problemsicht des Klienten (z. B. Thematisieren der Problemsicht von Partnern, die der Klient als solche wahrnimmt),
- Vermittlung von Informationen,
- empathisches Reflektieren problemabwehrender Haltungen.

Ambivalenz

b) Strategien in der Stufe der Absichtsbildung: Die Stufe der Absichtsbildung ist von Ambivalenzen gekennzeichnet. Diese zeigen sich in „Einerseits-andererseits"-Sätzen, die deutlich machen, dass der Klient sich zwischen den verschiedenen Handlungsoptionen befindet und noch keine Entscheidung getroffen hat. Man spricht auch von der fehlenden „Fazit-Tendenz". Nach dieser ist die Person umso stärker geneigt, die Stufe mit Handlungsintention abzuschließen, je mehr sie den Eindruck gewinnt, den notwendigen Abwägungsprozess ausgeschöpft zu haben.

Um die Stufe der Absichtsbildung zu überwinden, müssen die Argumente für die Veränderung zunehmen, während die Argumente gegen eine Veränderung abnehmen sollten.

Besonders die Techniken des MI sind für diese Stufe hervorragend einsetzbar (Kremer 2003):

Techniken des MI:

- Change talk
- Arbeit mit Ambivalenzen (Ambivalenzklärung)
- Entscheidungswaage
- 4-Felder-Matrix
- Ergebniserwartung / Selbstwirksamkeitserwartung
- Ressourcenaktivierung (kleine Schritte – Selbstwirksamkeitserwartung)
- Ursachenklärung / Verantwortungsübernahme / Konsequenzenklärung

Selbstwirksamkeitserwartung

Eine besondere Herausforderung auf dieser Stufe besteht in dem, was Prochaska / Levesque „Self-reevaluation" (Prochaska / Levesque 2002, 67) nennen: die Neubewertung der eigenen Fähigkeiten des Klienten. Eine niedrige

Selbstwirksamkeitserwartung auf dieser Stufe ist nämlich eine hinderliche Selbstbewertung des Klienten (Bandura 1997): Der Klient sieht Veränderungsbedarf, traut sich aber nicht zu, den Veränderungsprozess gestalten zu können. Aus der Forschung wissen wir, dass dann, wenn der Problem- und Leidensdruck für einen Menschen zu hoch wird, seine Veränderungsmotivation sinkt (Rapp et al. 2007). Um einen anderen Weg als den gewohnten zu gehen, bedarf es eines neuen, positiven Selbstbildes. Damit sind sowohl kognitive als auch affektive Aspekte berührt, vor allem aber positive Wirksamkeitserfahrungen, was uns bereits in die nächste Stufe führt.

3.3.2 Handlungsorientierte Strategien (Stufe 3/4)

Diese Stufe ist dadurch charakterisiert, dass die Personen sich intensiv mit dem Problemverhalten und den Veränderungsmöglichkeiten auseinandersetzen. Intention wird in Handlung umgesetzt, der Weg geht von „Innen" – der Kognition – zum „Außen", dem Verhalten. Insofern ist hier nicht mehr primär am kognitiven Verständnis des Problems zu arbeiten, sondern an der Selbstwirksamkeitserwartung, also der Zuversicht des Klienten, den für nötig erachteten Veränderungsprozess auch positiv durchhalten zu können. Im Gegensatz zu den kognitiv-affektiven Strategien der ersten beiden Stufen wirken sich deshalb handlungsorientierte Strategien auf den Stufen 3 und 4 vorteilhafter aus und sind nach bisherigen empirischen Befunden Mittel der Wahl.

Die größte Gefahr in dieser Stufe besteht darin, sie für stabil zu halten, da Ambivalenz nach wie vor das vorherrschende Gefühl ist. Insofern bedarf es auch hier intensiver Gestaltung.

Hilfeplan

An dieser Stelle mag folgender Hinweis erlaubt sein: Der Hilfeplan, so notwendig er ist, hat erst dann einen fachlichen Sinn, wenn ein Klient in dieser Motivationsstufe angelangt ist. Möglicherweise ist das häufige Scheitern von Hilfeplänen darauf zurückzuführen, dass auf diese fundamentale Tatsache zu wenig Rücksicht genommen wird (Klug et al. 2012).

Commitment

Die Selbstverpflichtung (commitment) beinhaltet „nicht nur das Gefühl, an dieses gesteckte Ziel, an den Verhaltensplan gebunden zu sein, sondern auch die Überzeugung, dass eine solche Umsetzung des Plans möglich ist" (Warschburger 2009, 87). Die notwendige Willensstärke in dieser Stufe fördern Kontrakte, wie beispielsweise ein Hilfeplan im Rahmen eines Hilfeprozesses oder das öffentliche Bekunden der Änderungsabsicht, z. B. in einer Gruppe.

Entscheidend für die Zusammenarbeit mit dem Klienten in dieser Stufe ist die Erkenntnis aus der Motivationsforschung, dass Menschen am stärksten motiviert sind, wenn sie Handlungsalternativen haben. Hier ist der Platz für eine kooperative und partizipative Hilfeplanung (Partizipationsprinzip), in der nicht nur Ziele, sondern möglichst auch verschiedene Wegen, sie zu erreichen, vereinbart werden (z. B. Greving 2002; Körkel / Schindler 1999).

Stimulus control

Die Kontrolle der Umwelt (stimulus control) bedeutet, dass das Umfeld so verändert werden muss, dass Anreize für das erwünschte Verhalten zunehmen und Auslöser für unerwünschtes Verhalten abnehmen. Aschenbecher und Zigaretten aus dem Haus zu entfernen, ist ein solcher Vorgang in der Raucherentwöhnung; sich möglichst so zu kleiden, dass keine Gegenstände versteckt werden können, kann eine Strategie gegen den Diebstahl sein; gezielt neue Kontakte zu Nichtsüchtigen aufzubauen, ist hilfreich gegen den suchtfördernden Gruppendruck (Keller et al. 1999, Prochaska / Levesque 2002; Warschburger 2009).

soziale Unterstützung

Hilfreiche Beziehungen (*helping relationships*) aufzubauen und zu nutzen, umfasst „das aktive Bitten um bzw. Einfordern von konkreter sozialer Unterstützung, aber auch die Fähigkeit, Hilfe annehmen zu können und Unterstützung durch vertrauensvolle Beziehungen zu erfahren" (Keller et al. 1999, 29). Die Bandbreite reicht hier von Kommunikationsübungen wie Rollenspielen und Übungen zum Aufbau von Beziehungen, Vereinbarungen über regelmäßige Telefonate mit dem Sozialarbeiter, therapeutische Beziehungen, das Planen regelmäßiger Kontakte zu nichtkriminellen Freunden bis hin zu Selbsthilfegruppen.

Verstärkung

Das *contingency management* beinhaltet, Verstärkung und Sanktionierung systematisch einzusetzen, um das angestrebte Ziel zu erreichen. Erfolgreiche Veränderungsprozesse setzen dabei mehr auf Verstärkung als auf Bestrafung. Der Schwerpunkt sollte somit darauf liegen, Schritte in Richtung auf das Ziel positiv zu verstärken. Dies kann sowohl im Einzelgespräch als auch in der Gruppe umgesetzt werden. Wichtig ist zu erkunden, was für den Klienten ein Verstärker ist, und wie man ihn verhaltenskontingent einsetzen kann. Dies geschieht nach dem Prinzip der kleinen Schritte (z. B. sich für einen rauchfreien Tag zu belohnen).

Auch die Gegenkonditionierung (*counter-conditioning*) gehört zu den wichtigen verhaltensorientierten Strategien. Ungünstige Verhaltensweisen sollen durch günstiges Verhalten ersetzt werden. Dazu werden erwünschte Verhaltensweisen gezielt verstärkt. Außerdem gilt es, positive Strategien zu entwickeln, um negative Konsequenzen auszubalancieren, beispielsweise Entspannungsübungen durchzuführen, wenn Stress empfunden wird (Petry 2011).

4 Werte und Ziele: Motivation wozu?

Professioneller Sozialer Arbeit liegen immer Werte zugrunde, ihre Entstehensbedingung ist organisierte „Solidarität" in der Gesellschaft. Diese ist ein zentraler gesellschaftlicher Wert, ohne den nicht erklärt werden kann, weshalb in einer Gesellschaft sozialarbeiterisch-professionell interveniert werden sollte (siehe ausführlich: Klug 2000).

Die ethische Frage nach der Legitimität sozialarbeiterischer Interventionen gilt in verstärktem Maße für Soziale Arbeit in Zwangskontexten, die schon durch ihr Vorhandensein ethische Konflikte aufwerfen. So wird in der Fachwelt beispielsweise heftig um die sogenannte „Geschlossene Heimerziehung" gestritten. Deren Befürwortern wird vorgeworfen, „sie übernehmen Justizaufgaben oder eben stellvertretende Ordnungsaufgaben bei jenen, die noch nicht strafmündig sind" (Lindenberg 2013, 55). Darf sich Soziale Arbeit überhaupt am staatlichen Sanktionssystem beteiligen? Macht sie sich damit nicht zum Komplizen des (neoliberalen, punitiven) Staates? Insbesondere aus einer politischen Perspektive, die das „Strafrecht als Herrschaftsinstrument" (Bettinger 2012, 18) betrachtet, mag eine Beteiligung Sozialer Arbeit beispielsweise im Strafrechtssystem eine ethische und fachliche Problematik aufwerfen. Andererseits wird darauf hingewiesen, dass Zwang als Grenzsetzung pädagogisch unumgänglich ist (Menk et al. 2013, 28). Eine pädagogische Beeinflussung ist aus dieser Blickrichtung immer mit Zwang verbunden, Verkehrserziehung kann nicht allein darin bestehen, nur auf den drohenden Verkehrstod hinzuweisen, sondern im Zweifelsfall auch das Kind zurück zu halten. Insofern kann „das pädagogische Verhältnis an sich bereits als ein Zwangsverhältnis begriffen werden, beruht es doch zentral auf der Ungleichheit von Lehrer und Zögling." (Menk et al. 2013, 21) Diese Perspektive legt nahe, über Machtmissbrauch (und dessen Verhinderung) zu sprechen (Rooney 2009, 29), statt Soziale Arbeit im Zwangskontext generell unter den Generalverdacht der Stabilisierung ungerechter politischer Verhältnisse zu stellen. Es scheint bei der Beurteilung der Legitimität Sozialer Arbeit im Zwangskontext maßgeblich darauf anzukommen, welche Position man zum gesellschaftlichen Auftrag im Allgemeinen und zum „Doppelten Mandat" im Besonderen einnimmt. Die Argumente zu dieser Thematik wurden in den verschiedensten Foren heftig und facettenreich ausgetauscht, für dieses Buch erscheint es kaum möglich, eine annähernd der Problematik gerecht werdende ethische Diskussion über Legitimität von Zwangskontexten anzuführen, es ist an dieser Stelle auch nicht notwendig. Es sei vielmehr auf Zobrist / Kähler (2017, 41–49) und Klug (2014) verwiesen, hier wurde die Position der Autoren ausführlich beschrieben.

Ergänzend dazu soll die Thematik des „Doppelten Mandats" der Sozialen Arbeit im Zwangskontext vertieft werden, anschließend kann auf die Frage der Zielentwicklung eingegangen werden.

4.1 Werte und Wertkonflikte

Selbstbestimmung

Es dürfte heute unbestritten sein, dass der Grundsatz von Empowerment zu den wichtigsten Werten der Sozialen Arbeit gehört. Empowerment hat das Ziel, dass Klienten, die „persönliche, interpersonale oder politische Macht [...] steigern, um zu einer größeren Selbstbestimmung in ihrem eigene Leben zu gelangen" (Germain / Gitterman 1999, 45). Von zentraler Bedeutung ist die damit verbundene Auffassung, „dass der Klient das Recht hat zu entscheiden, wann er Hilfe braucht, welche Art von Hilfe nützlich ist und wann sie nicht mehr gebraucht wird" (45).

Der Grundsatz von Empowerment ist es also, dass alle Menschen potenziell kompetent sind, ihr Leben weitgehend selbst zu gestalten, und dies prinzipiell auch in oder zumindest nach extremen Veränderungssituationen. Walter (2017) assoziiert „Empowerment" mit Selbstwirksamkeit, Selbstbewusstsein und interner Kontrollüberzeugung. Aus dieser Haltung heraus muss also der Professionelle seinen Klienten in dessen Fähigkeit, ein selbstbestimmtes Leben zu führen, unterstützen. Dies gilt natürlich auch dann, wenn der Klient von der „Normalitäts-Vorstellung" abweicht. Aus diesem Grundsatz leitet sich das Recht des Klienten auf „Hilfe" und das entsprechende sozialarbeiterische Angebot ab.

öffentliches Interesse

Aus dem „Doppelten Mandat" ergibt sich ein zweiter Auftrag: Gerade im Umgang mit Menschen im Zwangskontext sind jedoch neben dem Aspekt der Hilfe zur Selbstständigkeit gleichrangig Aspekte des Opferschutzes oder der Garantie der körperlichen Unversehrtheit des Klienten selbst zu berücksichtigen, wenn das eine oder das andere gefährdet ist. Daraus ergibt sich die Notwendigkeit der „Kontrolle" der Lebensführung. Diese aber bedeutet gegebenenfalls Beschränkung der Freiheit (z. B. der Freiheit, den Berater zu wählen oder die Arbeitsbeziehung zu beenden) und Einengung der Möglichkeiten, auch schon im Vorfeld einer möglichen Straffälligkeit (z. B. Verbot des Umgangs mit Kindern bei Sexualstraftätern). Der sonst ethisch verpflichtende Grundsatz der Vertraulichkeit findet ebenso seine

Grenzen wie die Parteinahme für Klienten, wenn es um Risiken für die Öffentlichkeit geht (Klug / Schaitl 2012).

Wertekonflikt

Die Verbindung von Hilfe und Kontrolle ergibt sich aus der Konstitutionsbedingung der Sozialen Arbeit, zu deren „Normalität" beide Aspekte gehören. Damit umzugehen, erfordert nicht nur fachlich-methodische, sondern auch eine ethische Reflexion.

Ein praktisches Beispiel macht die Problematik, aber auch die Problematik der Wertekollision deutlich: Der Berufsverband der Bewährungshelferinnen und Bewährungshelfer stellte 1996 seine „Standards der Sozialarbeit / Sozialpädagogik und Leitlinien für das Arbeitsfeld Bewährungshilfe" auf. Darin heißt es u. a.:

> „Häufigkeit der Kontakte unterliegen der Absprache zwischen BewährungshelferIn und KlientIn. Hausbesuche sind nach vorheriger Zustimmung der KlientInnen zulässig und im allgemeinen (sic) vorher anzukündigen. Weitergehende Aufsicht als die Überwachung und Erfüllung von Auflagen und Weisungen entspricht nicht dem gesetzlichen Auftrag und widerspricht dem Selbstverständnis professioneller Sozialarbeit / Sozialpädagogik." (ADB 1996)

In diesen Standards wird das Selbstbestimmungsrecht des Klienten sehr betont, während mit Bezug auf das professionelle Selbstverständnis den Kontroll- und Interventionsmöglichkeiten des Professionellen sehr deutlich eine Grenze aufgezeigt wird.

Es soll an dieser Stelle nicht diskutiert werden, ob die in dem Zitat getroffene Feststellung, eine weiterführende Aufsicht als die Kontrolle von Auflagen und Weisungen entspreche nicht dem gesetzlichen Auftrag, inhaltlich korrekt ist. Im Zeichen der Rückfallverhinderung als Generalauftrag erscheint die zitierte Passage auch rechtlich eher fraglich (ausführlich: Klug / Schaitl 2012).

Der Bezug auf die Geschichte der Profession zeigt jedoch, dass administrative und kontrollierende Armenpflege eher an der „Wiege" der Profession standen als Therapie und Hilfe (ausführlich: Sachße / Tennstedt 1980–1992). Wenn dem so ist, ist jedenfalls die Selbstverständnis-Frage wohl nicht so einfach zu beantworten, wie hier lapidar in den Standards konstatiert wird.

Uns interessiert dabei insbesondere der Wertekonflikt, der in dem Zitat zutage tritt: Es ist insbesondere bei der in vielen ethischen Kodizes üblichen starken Betonung der Freiheit und des Selbstbestimmungsrechts des Klienten durchaus eine Frage, wie es mit den Rechten der potenziellen Opfer steht. Dabei soll das Dilemma nicht verschwiegen werden, dass ein staatlicher Kontrollauftrag dem Selbstbestimmungsrecht des Klienten entgegensteht und eine Anforderung mit sich bringt, der dieser sich eben nicht selbst entziehen kann, bzw. dies für ihn nur unter Inkaufnahme von erheblichen Konsequenzen (z. B. Freiheitsentzug) möglich erscheint.

„Fiktion" der Freiwilligkeit

Ethisch zeigt sich an dieser Diskussion die Problematik eines Spannungsverhältnisses, das wohl nicht einseitig (wie es im beschriebenen Standard versucht wird) auflösbar ist. Die Vorstellung, man könne innerhalb des gesetzlichen Auftrags der Kontrolle stehend, diesen quasi im Innenverhältnis zum Klienten ablegen, indem man Vereinbarungen mit dem Klienten schließt (z. B. über die Kontakthäufigkeit) und suggeriert, dass nichts gegen den Willen des Klienten geschieht, ist eher eine Verschleierung der wahren Machtverhältnisse denn eine realistische Konstruktion der Arbeitsbeziehung. Die unreflektierte Fiktion einer auf beraterisch garantierter Freiwilligkeit gegründeten Arbeitsbeziehung führt am Ende wohl eher zu dem, was Peters / Cremer-Schäfer (1975) als die „sanften Kontrolleure" beschrieben haben: Sie gibt vor, etwas zu sein, was sie nicht ist, eine „normale" Beratung, in der es ausschließlich um Hilfe geht (vgl. dazu: Kühne et al. 2017; Kühne / Schlepper 2019). Dass die Kontrolle der Lebensführung als Auftrag immer im Hintergrund steht, wird verschwiegen, stattdessen neigen, wie Hesser es formuliert, viele Professionelle dazu „um den heißen Brei herum zu reden", wenn es um die vorgegebenen Notwendigkeiten der Kontrolle geht (Hesser 2001, 36).

Tabuisierung von Zwang

Vermutlich wird es eher darum gehen, beide ethisch gerechtfertigten Aufträge, Hilfe und Kontrolle, so zu gestalten, dass sie den entsprechenden Zielperspektiven, Hilfe zur Stärkung der Selbstständigkeit für den Einzelnen und Schutz der möglichen Opfer, entsprechen. Wendt weist in diesem Zusammenhang auf die Gefahr einer Tabuisierung oder Ignorierung von Zwang hin, deren Ursache er in „ideologischen Gründen" sieht:

> „Neben der Leitvorstellung, es mit Opfern zu tun zu haben, steht das methodische Prinzip, ein partnerschaftliches Arbeitsbündnis herstellen zu wollen, der Anwendung von Zwang entgegen. Hier sollte nun aber Zwang als Mittel und Zwang als Sachverhalt unterschieden werden." (Wendt 1997, 18)

Der Hinweis, „Zwang als Sachverhalt" zu betrachten, ist sehr hilfreich: Die Herausforderung für den Professionellen liegt darin, nicht einseitig das Spannungsverhältnis zwischen den beiden Werten Selbstbestimmung und Opferschutz aufzulösen, sondern diese äußere Realität als gegebene Grenze zu vermitteln und für den Klienten in dem sich daraus ergebenden Spielraum „Nischen" zu finden (Wendt 1997, 18).

4.2. Zielbildung

vorgegebene Ziele

Wie wir im vorigen Kapitel gesehen haben, stellt sich also nicht mehr die Frage nach dem „ob" oder „ob nicht", sondern nach dem „wozu" ist jemand motiviert und wozu nicht. Hier haben wir ein Charakteristikum der Zwangskontexte zu gewärtigen: Die Zielrichtung, in die sich der Pflichtklient bewegen muss, ist nicht frei verhandelbar. Insofern ist es nicht gleichgültig, wozu er motiviert ist; der Zwangskontext ist kein Kunden-Dienstleistungs-Verhältnis im klassischen Sinne, in dem sich der „Kunde" aus dem reichhaltigen Angebot des Beraters frei wählend etwas aussuchen kann – jedenfalls ist es nicht nur das. Die schon beschriebene Konstitution der Sozialen Arbeit mit ihrem „Doppelten Mandat" passt nicht zum klassischen Therapiesetting, bei dem „Therapieziele als besondere Form persönlicher Ziele" gelten können (Michalak et al. 2005, 57). Es muss vielmehr davon ausgegangen werden, dass die Ziele zumindest anfänglich keineswegs vom Klienten geteilt werden. Die Ziele sind vorgegeben und nicht verhandelbar, wie die Beispiele zeigen:

- Straffreiheit als Ziel der Bewährungshilfe,
- Drogenfreiheit als Ziel der (verordneten) Drogentherapie,
- Kinderschutz in Fällen der Kindesverwahrlosung oder der Häuslichen Gewalt,
- Sicherstellung der ärztlichen Versorgung oder Unterbringung durch Betreuer und Vormund.

Wenn diese Ziele auch feststehen, schließt das nicht aus, dass Klientenziele hinzukommen, die aber die vorgegebenen Ziele weder konterkarieren noch in den Hintergrund drängen dürfen, denn das „Doppelte Mandat" ist unverhandelbare Grundbedingung.

5 Spezielle methodische Fragestellungen

5.1 Die Person des Beraters und die Beziehung zum Klienten

Ganz zweifellos ist die Beziehungsgestaltung ein zentrales Thema der Motivationsarbeit in Zwangskontexten. Untersuchungen legen einen robusten Zusammenhang zwischen der Arbeitsbeziehung und Behandlungsmotivation nahe (Überblick in: Kozar 2010). Insofern ist es gerade dann, wenn wir hier ein Manual vorlegen wollen, von entscheidender Bedeutung, der Möglichkeit der Integration von Methode (hier: Manual) und Beziehungsgestaltung nachzugehen. Dabei soll zunächst die „klassische" Sicht der Sozialen Arbeit kurz referiert werden, die ja für viele in ihrer Ausbildung erkenntnisleitend war. Es sollen dann Anforderungen an einen modernen Begriff einer Beziehungsgestaltung formuliert und ein uns passend erscheinendes Modell vorgestellt werden.

5.1.1 Klassische sozialarbeiterische Sicht der Beziehungsgestaltung

helfende Beziehung

Selbstverständlich ist die Methodik des Beraters von entscheidender Bedeutung und wird unter der Überschrift „what works" in der Literatur auch thematisiert. Dieser Methodik müssen demnach evidenzbasierte Wirkungsprinzipien zugrunde liegen, Prinzipien, die empirisch als wirksam ermittelt wurden (beispielhaft: Grawe et al. 1994). Jeder Schritt des Vorgehens muss aber auch getragen sein von der Person des Beraters und seiner motivierenden Beziehungsgestaltung. Franz Caspar stellt seinem Beitrag „Therapeut / Therapeutin und die Therapiebeziehung" (2005) ein treffendes Zitat von Victor Meyer voran: „You will get further with a patient with a good therapeutic relationship and lousy techniques, than you will with good techniques and a lousy relationship" Caspar (2005, 265), womit er die beiden Aspekte hilfreicher Interventionen nebeneinanderstellt: die Person und die Methodik bzw. Technik.

Gelegentlich wird Kritik an einer zu stark technisch fokussierten Psychotherapie geübt. Gerade von Verhaltenstherapeuten würden „Techniken wohl eher überschätzt, der Einfluss [von] Beziehungs- und Therapeuteneffekte[n], dagegen eher unterschätzt" (Stucki 2004, 9). Es mag sein, dass die Person und ihre Beziehungsfähigkeit in den vergangenen Jahren etwas in den Hintergrund getreten ist, was vielleicht damit zu erklären ist, dass „Beziehung" als eine Art „Passepartout"-Wort für alle helfenden Prozesse verwendet wurde, ohne dass klar wurde, was eigentlich genau gemeint ist. Wenn also beispielsweise Bang postuliert: „Die gesamte Einzelfallhilfe, und gerade die Hilfe zur Selbsthilfe, beruhen auf [...] der **helfenden Beziehung.**" (Bang 1963, 31; Herv. nicht i. O.), dann ist nicht nur die Frage der konkreten Methodik zweitrangig geworden, es ist auch klar, dass jede Hilfeleistung individualisiert und unstandardisierbar ist.

Beziehungsfähigkeit

Für Bang besteht der professionelle Vorsprung in „Wissen und Erfahrungen in den allerverschiedensten Bereichen des Lebens" (21), was heißt: Auch die Beziehungsfähigkeit ist mehr oder weniger erfahrungsgeleitet. Dieses Bild von Beziehung und Arbeit mit der Beziehung, das man mit Ansen als einen „naturwüchsige(n) Prozess, der selbstverständlich erfolgt" (Ansen 2009, 382) bezeichnen könnte, ist dadurch charakterisiert, dass „Beziehung" als Alltagserfahrung und Alltagswissen auch in professionellen Bezügen ebenfalls dann vorhanden ist, wenn man sich dessen gar nicht (mehr) bewusst ist. Aus dieser an sich banalen Feststellung wird dann stillschweigend eine problematische Konsequenz gezogen: Wenn Beziehung ohnedies naturwüchsig vorhanden ist, braucht sich die Fachkraft um ihre Gestaltung, ihre Bedingungen, ihre Wirkungen und die Möglichkeit der Variationen keine Gedanken zu machen. Die Beziehung „wächst" quasi mit dem Kontakt, unbemerkt, wie die Begleitmusik eines Sängers – jedenfalls ist sie etwas, was ohne weitere Erörterung (und möglicherweise ohne Methodik) zu haben ist.

Beziehungsgestaltung

Es ist zu befürchten, dass manche Professionsangehörige solches im Hinterkopf haben, wenn sie von „Beziehung" sprechen. Jedenfalls ist es – so Kipp zu Recht – problematisch, dass die „Frage nach der Beziehungsgestaltung als zentralem Element der Sozialen Arbeit in Kontexten der Hilfe und Betreuung nicht mehr gestellt" werde (Kipp 2010, 312). Seine Folgerung jedoch, aus der fehlenden Thematisierung von Beziehungsgestaltung ergebe sich „ein Widerspruch zum gesetzlichen Auftrag" (Kipp 2010, 312), erscheint allzu kurz gesprungen. Das „doppelte Mandat" methodisch mit Beziehungsgestaltung gleichzusetzen, ist bei all ihrer Wichtigkeit theoretisch wie praktisch nicht nachvollziehbar.

Wenn man auch „Hilfe" und „Beziehungsgestaltung" nicht generell gleichsetzen kann, so ist doch beispielsweise bei Klienten mit ausgeprägten Persönlichkeitsstörungen festzuhalten: „Ohne aktive und spezielle Beziehungsgestaltung […] gibt es keine erfolgreiche Therapie." (Sachse 2010, 45). Leicht überliest man bei dem Satz allerdings das, worauf es Sachse besonders ankommt: Es geht um „spezielle" Beziehungsgestaltung, also eben nicht um das, was mit einer „naturwüchsigen" Beziehung, auf die man sich „einlässt", gemeint ist. Selbst aus der humanistischen Psychologie kommende Konstrukte wie Empathie oder Authentizität reichen hier nicht aus.

Ausdifferenzierung von „Beziehung"

Bevor wir darauf zurückkommen, noch einige Anmerkungen zur Ausdifferenzierung des Beziehungsgedankens im Laufe der Professionalisierungsgeschichte der Sozialen Arbeit. Specht / Vickery (1980), die in ihrem Lehrbuch die „Bedeutung der Beziehung" betonen, fügen hinzu:

> „[…] es kann kein Zweifel daran bestehen, dass für sehr viele Klienten die allmähliche Entwicklung einer Beziehung, die ihnen zu Wachstum und Entfaltung verhilft, einfach lebenswichtig ist. Hier müssen wir unterscheiden zwischen der Wärme und dem Engagement, die die meisten Sozialarbeiter in alle ihre Beziehungen einbringen und der bewussten Anlehnung an verhaltenstheoretische Grundsätze".

Sie betonen die Notwendigkeit, „unser eigenes Verhalten im einzelnen so ein[zu]richten, dass es den Bedürfnissen des jeweiligen Klienten entspricht." Die Konsequenz:

> „Die Wärme und das Engagement […] sind bei jeder Form der Hilfe notwendig, […] Das ist aber in sich noch keine Einzelfallhilfe. Dagegen weist die bewusste Heranziehung einer Beziehung denjenigen, der diese Fertigkeit beherrscht, als Fachmann der Einzelhilfe aus." (Specht / Vickery 1980, 188 f.)

Damit plädieren die Autoren schon in den 1970er Jahren dafür, sich nicht mit allgemeinen Grundsätzen von Beziehungsgestaltung (Wärme, Engagement) zufriedenzugeben, sondern zum einen sich an methodische Standards zu halten (z. B. Verhaltenstheorie), zum anderen aber eine Antwort auf das Beziehungsbedürfnis des Klienten zu geben.

klientenzentrierte Gesprächsführung

Diese „bewusste Heranziehung einer Beziehung" hat offenkundig zu methodischen Schwierigkeiten innerhalb der Profession geführt, anders ist die starke Hinwendung zu psychotherapeutischen Modellen seit den 1980er Jahren nicht zu erklären. Diese sollten helfen, zu methodischer Klarheit zu kommen. Besonders die nondirektive und klientenzentrierte Gesprächsführung (z. B. Rogers 1976a) erschien manchen umso verführerischer, als sie scheinbar als leicht übertragbares Modell für die Soziale Arbeit zu gebrauchen ist. Dass dies bei manchen auch noch heute so empfunden wird, zeigt beispielsweise ein Beitrag, den Podborny (2007) „Beratung im Zwangskontext" überschreibt. Sie empfiehlt für Zwangskontexte das Beratungskonzept von Carl Rogers und überträgt dessen Konzept des „einfühlenden Verstehens“ auf die Arbeit im Zwangskontext mit straffälligen Männern. Sie geht so weit, insbesondere Beraterinnen zu empfehlen, „kindliche Wünsche der Klienten nach mütterlichem Verständnis“ zu nutzen und sich quasi als „Projektion ihres [der männlichen Straftäter, W. K.] Mutterbildes“ zur Verfügung zu stellen (Podborny 2007, 54). Dies erscheint – bei aller Wertschätzung der Erfolge von Rogers – doch nicht unproblematisch (siehe zur Kritik auch Mayer 2009, 214).

Wirkungsforschung

Wer Indikation und Wirksamkeitsforschung ernst nimmt, kann weder das Beziehungsmodell eines psychoanalytisch anmutenden Theoriefragments der Übertragung des Mutterbildes, noch die für die Rückfallverhinderung bei Straftätern erwiesenermaßen unwirksamen Methoden der klientenzentrierten Gesprächsführung bei der Zielgruppe der häufig dissozialen Täter verwenden (Andrews 1995; Andrews / Bonta 2010; Lösel 1998; Trotter 2001; Bonta / Andrews 2017). Selbst die auf Rogers fußende Konzeption der „Motivierenden Gesprächsführung“ hat – wie wir noch sehen werden – entscheidende Veränderungen an der Grundidee von Rogers vorgenommen.

In neueren Publikationen der Sozialen Arbeit erleben wir eine Renaissance des Themas „Beziehung“. Gahleitner (2017), die Soziale Arbeit als eine „Beziehungsprofession“ bezeichnet, sieht die professionelle Beziehungsgestaltung als zentral für die Arbeit mit Klientinnen und Klienten an. Sie postuliert „eine reflektierte, theoretisch begründbare und nur tendenziell lehrbare Beziehungsgestaltung mit KlientInnen – entlang eines klaren Rollenverständnisses“ (Gahleitner 2017, 36). Nach der Phase des völligen Ignorierens von Beziehungsgestaltung wird man sich allerdings gerade im Zwangskontext hüten müssen, nun umgekehrt Beziehungsgestaltung als alleiniges Werkzeug zu konzipieren. Vielmehr wird man, wie Trotter (2009) dies beispielhaft erläutert, Beziehungsgestaltung und strukturierende Methodik sinnvoll und zielgruppenspezifisch aufeinander beziehen müssen.

5.1.2 Anforderungen an einen modernen Begriff der Beziehungsgestaltung

Für die professionelle Beziehungsgestaltung können wir einige Folgerungen ziehen:

Beziehung ist nicht Sozialarbeit

a. Beziehung ist bei aller Wichtigkeit nicht gleichzusetzen mit professioneller Sozialarbeit. Die Vorstellung, Beziehung sei das einzige oder das wichtigste Werkzeug, gehört nicht mehr zu den heutigen Überzeugungen dessen, was „state of the art“ ist.

b. Nichtsdestotrotz ist Beziehungsgestaltung wichtig. Sie ist eine „notwendige, nicht aber schon hinreichende Voraussetzung für den Therapieerfolg" (Kanfer et al. 2012, 52). Allerdings muss die Beziehung zum Klienten bewusst gestaltet werden, mehr noch: sie muss sich den Bedürfnissen des Klienten anpassen, was heißt: Die Beziehungsgestaltung „reflektiert aus der Fallkonzeption" (Caspar 2008, 549) ist für jeden (!) Einzelfall abzuleiten, also aus dem Intuitiven in das bewusst Gestaltete hineinzunehmen. Caspar betont: „Auch wenn dabei Intuition eine Rolle spielt, soll es gerade nicht dem Zufall, Gewohnheit, persönlichen Vorlieben oder unreflektiertem Gutdünken überlassen bleiben, wie therapeutisches Handeln unter der Beziehungsperspektive gestaltet wird." (549)

Beziehungsgestaltung als Voraussetzung

c. Beziehung ist nicht gleichzusetzen mit „Wärme", Empathie ist nicht gleichzusetzen mit vollem Einverständnis in die Position des Klienten. Beispielsweise jemandem als Case Manager zur Seite zu stehen, bedeutet nach Wendt „sachorientiert" zu arbeiten, wo an Stelle der Beziehungsarbeit sachliche Bezüge treten: lokale Netzwerke, ökonomische Fragestellungen und technische Beistandschaft bei der Beschaffung und der Bewirtschaftung von Ressourcen (Wendt 1988, 22 f.).

Sachorientierung

d. Beziehung zu Klienten ist kein Selbstzweck, sie ist auch kein Ersatz für fehlende Alltagsbeziehungen des Klienten (Kanfer et al. 2012, 53). Wenn Klienten betonen, der Sozialarbeiter sei „der einzige wahre Freund", dann sollte das dem Professionellen zu denken geben.

professionelle Beziehung ist kein Ersatz

Wir brauchen eine sowohl differenzierte, wirksame als auch operationalisierbare Möglichkeit des Beziehungsangebots für Klienten in Zwangskontexten. *Differenziert*, weil ein Beziehungsangebot von den individuellen Bedürfnissen und Interaktionsmustern des Klienten abhängt. Je nachdem, welche Bedürfnislage in welcher Intensität vorliegt – ob ein hohes Bindungsbedürfnis (emotionale Wärme) oder ein hohes Kontrollbedürfnis (Bedürfnis nach Mitbestimmung und Klarheit), das Bedürfnis nach Selbstwerterhöhung (Sehnsucht nach Lob) oder auch das Bedürfnis nach Lust / Wohlbefinden („Spaß") –, muss sich das Beziehungsangebot „komplementär" zu den Bedürfnissen des Klienten verhalten (Grawe 1992; Sachse 2010). *Operationalisierbar* muss das Beziehungsangebot sein, damit es sich nicht wieder dem Vorwurf aussetzt, eine „catch-all-phrase" zu sein, die zwar die Wichtigkeit betont, sich aber letztlich der Methodenkontrolle entzieht.

differenziertes Beziehungsangebot

Schließlich muss die Beziehungsstrategie prinzipiell für die Zielgruppe als *wirksam* evaluiert worden sein. Grawe (2004) weist darauf hin, dass das bloße unstrukturierte Gespräch keine verhaltens- und einstellungsverändernde Wirkung hat. Sein Erklärungsmodell sind die neuropsychologischen Erkenntnisse über das Lernen. Hier zeigt sich, dass der „Königsweg" zu nachhaltiger Veränderung neue Erfahrungen sind, die, wenn häufig genug gemacht, zu neu gebildeten Synapsen werden. Dies würde bedeuten,

Wirksamkeit

den Klienten zum Tun zu bewegen (z. B. zu trainieren), statt mit ihm über etwas zu reden. Wenn man sich auf das Gespräch verlässt, muss dieser Gesprächskontakt gewissen Anforderungen genügen:

> „Veränderung erfordert, dass Synapsen, die noch nicht so gut gebahnt sind, über möglichst lange Zeit hin immer wieder so oft und intensiv wie möglich aktiviert werden. Wenn man sich die Veränderung von dem Gespräch selbst erwartet, kann man sie nur damit erreichen, dass man an einem Problem dranbleibt, es wirklich von allen Seiten bearbeitet, damit immer wieder die an den problematischen neuronalen Schaltkreisen beteiligten Neuronen aktiviert werden." (Grawe 2004, 55)

Das wiederum lässt sich nur dann gewährleisten, wenn die Gespräche vorbereitet, inhaltlich gut strukturiert und im Bewusstsein geführt werden, dass sie nachhaltig wirken sollen.

Verantwortungsklärung

Wichtig ist schließlich die Klärung der jeweiligen Verantwortlichkeit: Wer erteilt welchen Auftrag, und wer hat Verantwortung für was? Was passiert, wenn der Klient was tut oder lässt? Das Durchspielen der Konsequenzen des jeweiligen Verhaltens stellt die Verantwortung klar. Andererseits ist die Arbeit in Zwangskontexten ein andauerndes Suchen nach gemeinsamen Themen: „In vielen Fällen können die gemeinsamen Ziele am besten so umschrieben werden, dass sie dem Klienten dazu verhelfen, [...] den Sozialarbeiter wieder loszuwerden." (Germain / Gitterman 1999, 119). In der Zusammenarbeit ist immer zwischen „Pflicht- und Küranteilen" zu unterscheiden. Grawe weist darauf hin, dass das unstrukturierte und thematisch zufällige Gespräch keine verhaltens- und einstellungsverändernde Wirkung hat. Deshalb muss der Berater darauf achten, dass er in „freundlicher Hartnäckigkeit" (Mayer 2009, 221) die „pros" und „cons" der Veränderung immer wieder zu beleuchten bereit ist (Prochaska / Levesque 2002). In den folgenden drei Teilkapiteln verfolgen wir die Idee Sachses (Sachse 2006, 33) weiter, der vorgeschlagen hat, die Beziehungsgestaltung in drei Formen zu unterscheiden:

a. die allgemeine Beziehungsgestaltung (→ 5.1.4),
b. die komplementäre Beziehungsgestaltung (→ 5.1.5),
c. die störungsspezifische Beziehungsgestaltung (→ 5.2. Hier wird ein besonderer Aspekt der Beziehungsgestaltung in Zwangskontexten beleuchtet).

5.1.3 Allgemeine Beziehungsgestaltung

Dass Beziehungsgestaltung ein integraler Bestandteil der Planung der Veränderung der Motivation eines Klienten ist, braucht nicht mehr betont zu werden, vielmehr sei noch einmal an das erinnert, was zu „Beziehung" allgemein und zur Beziehungsgestaltung im Besonderen gesagt wurde. Zusammenfassend ist zu bemerken:

Reflexion und Strukturierung

a) Grundsätzlich: Grundsätzlich bedarf Beziehungsgestaltung einer bewussten und strukturierten, vor allem aber reflektierten Vorgehensweise. Auch die Gleichsetzung von „Beziehungsarbeit" und „Vertrauen" (z. B. Sommer 2001) ist im Zwangskontext problematisch, insbesondere wenn sie in einem entwicklungspsychologischen Kontext verwendet wird („Urvertrauen"). In einer Zwangsbeziehung zu erhoffen, dass sich jemand „anvertraut", hieße wohl den Bogen des Erwartbaren bei Weitem zu überspannen. Insofern ist Kurze / Störkel-Lang (2000, 417) zuzustimmen, wenn sie für Zwangskontexte konstatieren: „Vertrauen erschien uns als ein Konstrukt, dass (sic!) mehr über denjenigen aussagt, der es konstruiert, als über die Beziehung, die es beschreiben soll."

„spirit"

b) Bezüglich der Haltungen: Die Autoren des MI schreiben von einem besonderen „spirit", der diese Form der Gesprächsführung charakterisiert. Schwarze und Schmidt (2008, 1496) fassen diesen „spirit" und damit einhergehende Haltungen unter der Überschrift zusammen: „wie aus Geschickten Kunden werden (können)".

Folgende **Haltungen** werden empfohlen:

- *Zieltransparenz:* Offenlegen von Regeln, Absichten und Zielen des Beraters.
- *Zulassen von Widerspruch:* Der Berater ist kein Richter, Veränderungsmotivation ist keine Bedingung, sondern ein Ziel.
- *Ausdruck von Empathie:* Wertschätzung und Akzeptanz von Ambivalenz zur Veränderung als ein normales Phänomen erleichtern dem Klienten die Annahme von Veränderungen.
- *Mit dem Widerstand umgehen:* Der Berater streitet nicht, konfrontiert nicht, sondern bietet eine alternative Deutung der Sachverhalte an.

Strategien der Beziehungsgestaltung

c) Bezüglich der Methodik: „Die Gestaltung der therapeutischen Beziehung ist häufig nicht einfach und verlangt hohe persönliche und fachliche Kompetenz", schreibt Borg-Laufs (2011, 88) zu Recht. Deshalb muss auch hier die Methodik einer bestimmten Struktur folgen, die an anderer Stelle mit der „Motivorientierten (oder komplementären) Beziehungsgestaltung“ beschrieben wurde. Es ist wichtig, die motivationalen Pläne eines Klienten zu kennen und aus dem Interaktionsverhalten heraus erschließen zu können. Daraus entwickelt sich auch das Verständnis für „Widerstand“, den Miller / Rollnick (2009; 2015) aus der Interaktion heraus deuten. Aus dieser Sicht ist zu betonen, dass eine rein auf den Klienten bezogene Dichotomie (z. B. „Widerstand versus Mitarbeit“ bei Borg-Laufs 2011, 89) die Veränderungsleistung nur beim Klienten verortet. Dies erscheint aus interaktioneller Sicht nicht unproblematisch.

Zobrist (2010, 437 mit weiteren Nachweisen) weist auf einige **weitere wichtige Beziehungsstrategien** hin:

- Macht- und Verantwortungsumkehr: Eindeutigkeit in der Verantwortung für den Veränderungsprozess;
- Empathie, die allerdings mit der „Infragestellung problematischer Einstellungen und einem prosozialen Modell-Verhalten der Fachperson einhergehen“ muss (Zobrist 2010, 437);
- fragender und interessierter Gesprächsstil;
- Anleitung für die Klienten, ihr eigenes Problemverhalten selbst zu entdecken.

Trotter (2001) befürwortet Humor und Optimismus insbesondere in emotional aufgeladenen Situationen. Margraf (2009) diskutiert weitere Möglichkeiten zur Beziehungsgestaltung:

- Vermittlung eines glaubwürdigen Erklärungsmodells für Störung und Intervention,
- häufiger Einsatz von Zusammenfassungen und Rückmeldungen,
- soziale Verstärkung (Margraf 2009, 487).

5.1.4 Grundzüge der komplementären oder motivorientierten Beziehungsgestaltung

theoretischer Hintergrund

Weiter oben wurde bereits das konsistenztheoretische Modell von Grawe (2004) erläutert. Jetzt gilt es die methodischen Konsequenzen daraus zu ziehen, glauben wir doch, dass das Modell der „komplementären (oder motivorientierten) Beziehungsgestaltung“ den Anforderungen einer Beziehungsgestaltung im Zwangskontext entspricht. Theoretischer Hintergrund ist die schon erwähnte Erkenntnis Grawes, dass Menschen grundlegende Beziehungsbedürfnisse haben, die sie durch ihr Verhalten zu befriedigen suchen.

Wie ausgeführt, sieht Grawe (2004, 189) folgende **psychische Grundbedürfnisse**:

1. Bedürfnis nach Orientierung und Kontrolle,
2. Bedürfnis nach Lustgewinn/Unlustvermeidung,
3. Bindungsbedürfnis,
4. Bedürfnis nach Selbstwerterhöhung/-schutz.

Dabei ist zu beachten, dass nicht alle Menschen diese Bedürfnisse in gleicher Weise akzentuieren; vielmehr sind sie bei jedem Menschen zwar vorhanden, aber unterschiedlich ausgeprägt. Hat der eine ein stark ausgeprägtes Bindungsbedürfnis, d. h. er orientiert sich an anderen Menschen und will ihre Anerkennung erlangen, unterstreicht ein anderer das Bedürfnis nach Orientierung und Kontrolle, d. h. er betont die Grenzen der Einflussnahme durch andere. Während im ersten Fall die Anteilnahme am Leiden des Klienten, Empathie und Verständnis die komplementäre Beziehungsbotschaft sind, stehen im zweiten Fall die Versicherung der Autonomie, der Entscheidungsfreiheit, der Klarheit und Transparenz des Vorgehens im Vordergrund. Wichtig dabei ist immer: Die Beziehungsbotschaft nivelliert nicht das inhaltliche Ziel der Motivationsförderung, nimmt also nichts von dem zurück, was sich verändern muss.

individuelle Bedürfnismuster erkennen

So verschieden die Klienten sind, so verschieden ist das, was sie an Beziehungsangeboten brauchen. Gleichzeitig kann im Zwangskontext nicht davon ausgegangen werden, dass Klienten dem Berater entgegenkommen, sondern im Gegenteil dass sie Strategien der Abwehr und Manipulation präsentieren. Insofern ist es am Berater, die individuellen Bedürfnisse und Interaktionsmuster des Klienten zu erkennen und ihnen ein entsprechendes Angebot zu unterbreiten (Sachse 2010). Das Beziehungsangebot muss sich also nach der jeweiligen Bedürfnislage richten. Das betrifft z. B. ein hohes Bindungsbedürfnis (emotionale Wärme) oder ein hohes Kontrollbedürfnis (Bedürfnis nach Mitbestimmung und Klarheit), das Bedürfnis nach hohem Selbstwert (Sehnsucht nach Lob) oder auch das Bedürfnis nach Lust/Wohlbefinden (angenehm gestaltete Atmosphäre) (Grawe 1992). Die entscheidende Frage also lautet: „Wie kann ich mich den Bedürfnissen meines Interaktionspartners gegenüber komplementär verhalten?“ (Mayer 2009, 225). Anders ausgedrückt ist es die Aufgabe des Beraters, das Beziehungsangebot auszuwählen, das den psychischen Grundbedürfnissen seines Klienten am besten entspricht.

Konzept

Das Konzept komplementärer (oder motivorientierter) Beziehungsgestaltung, in dem wichtige motivationale Ziele erschlossen werden, konnte hier nur kurz angedeutet werden (ausführlich: Caspar 2007; ähnlich auch: Sachse 2006). Die Bedeutung liegt in der zentralen Botschaft des Ansatzes: Das Erschließen motivationaler Ziele ist entscheidend für die positive Gestaltung der Beziehung, die allgemeinen und häufig zitierten Grundsätze (Empathie, Echtheit) sind notwendig, aber nicht hinreichend, ebenso wenig wie die noch zu besprechende „Motivierende Gesprächsführung", die eine – wenn auch wichtige (eine nichtkonfrontative, eher bindungsorientierte nämlich) – Beziehungskonstellation aufnimmt und die aus der humanistischen Psychotherapie stammenden Grundsätze für die Motivationsförderung nutzbar macht.

Es ist zu vermuten, dass Beziehungsabbrüche dann auftreten, wenn das Beziehungsangebot des Beraters nicht der Bedürfnisstruktur des Klienten entsprochen hat (so Caspar 2008, 536). In diesem Zusammenhang löst sich der in Fachzeitschriften als notwendige oder nicht notwendige Basis der Beziehungsgestaltung heftig umstrittene „Vertrauensbegriff" (Sommer 2001) in Wohlgefallen auf: Je nach Bedürfnisstruktur des Klienten ist ein Vertrauensverhältnis von großer oder untergeordneter Bedeutung, sind eher die affektiven oder die klärend-rationalen Aspekte zu betonen – wohlgemerkt nach einem genauen Assessment, welche „Planstruktur" zugrunde liegt.

Motiv-/Spielebene

Ein Missverständnis könnte sich hier ergeben: Heißt komplementäre Beziehungsgestaltung, dem Klienten in allem nachzugeben, um seinem Beziehungsbedürfnis nach zu kommen, mit ihm an sich Unverhandelbares zu verhandeln? Keineswegs, im Gegenteil. Sachse (2010) hat hier eine sehr hilfreiche Unterscheidung zwischen Motivebene und Spielebene eingeführt: Die Motivebene ist die Ebene der psychischen Grundbedürfnisse, die Spielebene sind die manipulativen Strategien, die ein Mensch gelernt hat, um (auf intransparente Weise) zu Problemlösungen zu kommen (Sachse 2010, 32 f.). Sachse (2010, 98 ff.) zeigt dies am Beispiel einer „paranoiden Persönlichkeitsstörung", in der Klienten eine „Distanzstörung" mitbringen. Sie sind stark misstrauisch und vermuten permanent Grenzüberschreitungen des Beraters. Die Beziehungsmotive sind Kontrolle und Autonomie. Sie empfinden schon den Zwang, einem Berater gegenüber sitzen zu müssen, als Grenzüberschreitung. Insofern begegnen sie diesem (auf der Spielebene) mit Abschreckung: Sie wollen mächtiger, gefährlicher, unberechenbarer erscheinen, als sie tatsächlich sind. Das Ziel ist die Botschaft: „Überschreite nicht die Grenzen!". Komplementarität bedeutet jetzt natürlich nicht, sich davon einschüchtern zu lassen und den Klienten an der „langen Leine" zu lassen. Von den grundlegenden Leitlinien des Doppelten Mandats abzurücken hieße nur die dysfunktionale Strategie verstärken, die Manipulation hätte Erfolg. Vielmehr bedeutet eine komplementäre Strategie, die Angst des Klienten wahrzunehmen und zu thematisieren, die Klienten-Konstrukte genau anzuschauen und die Entscheidungsfreiheit (allerdings auch die Folgen) zu betonen. Allmählich, wenn das Misstrauen des Klienten sich verringert, gilt es, zu alternativen Konstrukten einzuladen.

5.2 Konfrontative versus Motivierende Gesprächsführung

Nach den Grundsätzen der allgemeinen und den Prinzipien der Komplementären Beziehungsgestaltung befasst sich das folgende Kapitel mit den „störungsspezifischen" Aspekten, besser: den Symptomen, mit denen wir es in der Motivationsförderung zu tun haben. Gemäß den Einsichten aus der komplementären Beziehungsgestaltung übernehmen wir nicht – wie derzeit viele Publikationen – einfach die Motivierende Gesprächsführung als das einzige Paradigma, sondern wollen auch deren Grenzen markieren.

Motivational Interviewing

Die wohl erfolgreichste Methode der Motivationsarbeit in Deutschland ist die sogenannte „Motivierende Gesprächsführung" (Motivational Interviewing, Abk.: MI) nach Miller und Rollnick (2009; 2015). Im Mittelpunkt steht das aus dem humanistischen Menschenbild entwickelte Verständnis der Selbstheilungskräfte des Menschen, die sich in einer förderlichen therapeutischen Atmosphäre entwickeln können. Dazu gehört v. a. der Respekt vor der Autonomie, der sich, wie sich Markland et al. ausdrücken, zeigt

> „by avoiding confrontation and coercion, by exploring behavioral options, by developing the discrepancy between the client's current behavior and how they would like to be so that they present the arguments for change themselves, and by encouraging clients to choose their preferred courses of action" (Markland et al. 2005, 822).

Konfrontation und Zwang werden in einem Atemzug genannt, und Konfrontation wird von Vertretern des MI bisweilen in Gegensatz zu „support" gesetzt (so z. B. Velasquez et al. 2005, 39), was nicht motivationsfördernd sein könne.

Konfrontation

Insbesondere in der Arbeit mit Straftätern, aber auch in der systemischen Therapie mit psychisch Kranken wird von anderen Erfahrungen berichtet: Die Konfrontative Pädagogik hält Konfrontation für unerlässlich, die systemische Therapie macht mit konfrontierenden Elementen in ihrer Gesprächsführung gute Erfahrungen. Bliebe dieses Dilemma von unterschiedlichen, sich scheinbar ausschließenden Ansätzen nicht auflösbar, müsste das dazu führen, dass man sich zwischen dem einen oder dem anderen Ansatz entscheiden muss.

Wir wollen zunächst in einem ersten Schritt die Wurzeln der jeweiligen Denk- und Behandlungsrichtung nachzeichnen, um dann zu Schlüssen für unsere Fragestellung zu kommen.

5.2.1 Motivierende Gesprächsführung

Die Motivierende Gesprächsführung wurde ursprünglich für abhängigkeitserkrankte Menschen entwickelt. Sie kann definiert werden als „eine klientenzentrierte, direktive Methode zur Verbesserung der intrinsischen Motivation für eine Veränderung mittels der Erforschung und Auflösung von Ambivalenz" (Miller / Rollnick 2009, 47).

Hintergrund von MI

MI beruht theoretisch auf der Klientenzentrierten Psychotherapie nach Rogers (1976a). Nach dieser Theorie geht es bei Veränderungen in erster Linie um Selbstexploration, also um die Bereitschaft des Klienten zur Selbstreflexion der eigenen Erfahrungen und die Integration der abgelehnten Anteile des Selbst in das aktualisierte Selbstbild. Das humanistische Menschenbild Rogers' geht davon aus, dass alle Menschen diese Tendenz zur Selbstaktualisierung haben: Sie streben danach, ganz, heil, gesund, „kongruent" mit sich und der Umwelt zu sein. Allerdings brauchen Menschen, die in ihrem Leben die Erfahrung der Spaltung, der Inkongruenz zwischen Innenwelt und der Außenwelt gemacht haben, eine besondere äußere Atmosphäre der empathischen Annahme ihres Selbst. Dieses fördernde Klima in der Therapie ist nach Rogers durch drei wesentliche Merkmale geprägt:

- Kongruenz,
- Empathie,
- Wertschätzung und bedingungsfreies Akzeptieren.

In einer so gestalteten Therapie wird es dem Klienten ermöglicht, „Vertrauen zum eigenen Organismus" zu entwickeln,

> „der gegenüber allen Elementen seines organischen Erlebens offener, der Vertrauen zum eigenen Organismus als ein empfängliches Instrument entwickelt, der Bewertungen aus sich heraus vornimmt, [...] der sein Leben als fließenden Prozess [sieht], in dem er ständig neue Aspekte seines Wesens im Strom seiner Erfahrungen entdeckt" (Rogers 1976b, 129).

Empathie

Rogers Definition der „umfassenden Empathie“ darf allerdings nicht als ein bedingungsloses Akzeptieren aller Taten eines Menschen verstanden werden, sie gilt vielmehr der Person und basiert auf dem Vertrauen auf deren Fähigkeit, sich zu verändern. Schon gar nicht meint „Empathie“ eine Art Überidentifikation im Sinne einer Kumpanei („man muss selbst mal Alkoholiker gewesen sein ...“). Vielmehr konzentriert sich die Aufmerksamkeit durch aktives Zuhören ganz auf den Fokus des Klienten und versucht diesen uneingeschränkt aus seiner Sicht zu verstehen. Rogers beschreibt diesen Vorgang so:

> „Es ist ein tranceartiges Sich-Fühlen in der Beziehung, aus dem sowohl der Klient wie ich am Ende der Stunde wie aus einem tiefen Brunnen oder Tunnel auftauchen. In diesem Augenblick existiert [...] eine wirkliche Ich-Du-Beziehung, ein zeitloses Leben in der Erfahrung zwischen dem Klienten und mir.“ (Rogers 1976b, 200)

Insofern steht für Rogers die Beziehung zum Klienten im Mittelpunkt, sie ist das eigentlich zur Heilung anstoßende Mittel. Für Rogers versteht sich seine Therapie als „nondirektiv“, später nennt er sie „klientenzentriert“.

MI hat sich aus diesen Wurzeln ein eigenständiges Konzept der Motivationsförderung entwickelt, dabei aber entscheidende Modifikationen des klientenzentrierten Ansatzes vorgenommen. Die Autoren von MI drücken das so aus:

> „Man kann sich die motivierende Gesprächsführung als eine klientenzentrierte Therapie mit einer überraschenden Wendung vorstellen. Im Unterschied zur klientenzentrierten Therapie verfolgt die motivierende Gesprächsführung bestimmte Ziele: die Ambivalenz gegenüber Veränderung zu verringern und die intrinsische Motivation sich zu ändern, zu verbessern. In diesem Sinn ist die motivierende Gesprächsführung sowohl klientenzentriert als auch direktiv. Der Therapeut schafft bei der motivierenden Gesprächsführung eine Atmosphäre, in der der Klient stärker als der Therapeut zum Verfechter der Veränderung, aber auch zur Haupttriebkraft der Veränderung wird.“ (Arkowitz/Miller 2010, 4)

klientenzentriert und direktiv

MI ist demnach eine klientenzentrierte, direktive Methode zum Aufbau intrinsischer Motivation zur Verhaltensänderung. Ausgangspunkt sind entweder die Absichtslosigkeit, d. h. die Stufe, in der keine Notwendigkeit der Veränderung gesehen wird, oder die Stufe der Absichtsbildung, in der Ambivalenzen in der Bewertung des Zustandes durch den Klienten eine große Rolle spielen. Hier ist der Klient einerseits von der Notwendigkeit der Veränderung überzeugt, andererseits fürchtet er die Kosten oder traut sich eine Veränderung nicht zu. Diese Ambivalenzen sollen letzten Endes hin zu einer Veränderungsbereitschaft aufgelöst werden. Dazu werden nach Miller / Rollnick Diskrepanzen zwischen den Lebenszielen des Klienten und seiner aktuellen Lage bewusst gemacht und herausgestellt. Grundprinzip der MI ist der Ausdruck der Empathie. Der Berater soll den Menschen annehmen, nicht unbedingt alles, was dieser Mensch tut. Die vorliegenden Ambivalenzen werden nicht verurteilt, sondern im Sinne einer normalen Phase des Veränderungsprozesses angenommen. Sie werden ausgiebig besprochen, mit allen Vor- und Nachteilen der Veränderung, sodass dem Klienten klar wird, was es bedeutet, den Rubikon zu überschreiten (Miller / Rollnick 2009; 2015).

MI und Konfrontation

Aus der zwar direktiven, aber doch akzeptierenden Grundhaltung heraus, ist auch die Position der Autoren von MI zur Konfrontation verständlich. Widerstände werden als Ergebnis einer Dissonanz in der Interaktion zwischen Berater und Klient interpretiert, den es „umzulenken" gilt (Fuller / Taylor 2012, 142). Es gilt, nicht mit dem Klienten zu streiten, ihm keine Meinung aufzuzwingen oder ihn auch nur mit der eigenen Meinung zu konfrontieren. Betont werden immer wieder Autonomie und Wahlfreiheit des Klienten. Wenn man bei Klienten durch Konfrontation Widerstände hervorrufe, sei deren Veränderungswille reduziert, und es sei unwahrscheinlich, dass es zu einer Veränderung kommt, weil der Klient seinen Status quo verteidigen müsse. „Wenn der Kliniker dagegen ein angemessenes einfühlendes Verstehen realisiert und auf eine Weise berät, die beim Klienten eigene Motivationen hervorruft, wird die Selbstverpflichtung zur Veränderung gefestigt, und es folgt oft eine Verhaltensänderung." (Arkowitz / Miller 2010, 18 f.)

MI-Prinzipien

Vier Prinzipien liegen der motivierenden Gesprächsführung zugrunde (Miller / Rollnick 2009; 2015):

aktives Zuhören

a) Empathie ausdrücken: Das Fundament der motivierenden Gesprächsführung bildet die Fähigkeit des aktiven Zuhörens. Empathische Kommunikation und Akzeptanz werden zur Grundhaltung während des ganzen Prozesses. Akzeptanz bedeutet dabei nicht, den Ansichten des Klienten zuzustimmen oder sie zu billigen. Vielmehr ist entscheidend, die Perspektive des Probanden verstehen zu wollen und ihm die Freiheit zu gewähren, sich zu verändern. Akzeptanz fördert Veränderung, während ein ständiges Nichtakzeptieren im Sinne von „Sie sind nicht in Ordnung, Sie müssen sich ändern" den Veränderungsprozess blockiert. Miller/Rollnick (2015, 34) schreiben zu ihrem Empathiebegriff:

> „Ein zweiter zentraler Aspekt der Akzeptanz (der einer weiteren von Rogers beschriebenen Veränderungsbedingung entspricht) ist die Empathie: ein aktives Interesse an der Innenperspektive des anderen

und das Bemühen, diese zu verstehen, um die Welt mit seinen Augen sehen zu können. Wir meinen damit nicht Sympathie, Mitleid oder ein Gefühl der Verbundenheit, und es geht auch nicht um Identifizierung im Sinne von: ‚Ich habe Ähnliches erlebt und kann mir deshalb gut vorstellen, wie es Ihnen geht. Bei mir war das so,…'. Empathie ist nicht daran gebunden, ob die genannten Elemente vorhanden sind oder nicht. Sie ist die Fähigkeit, den inneren Bezugsrahmen eines Menschen zu erfassen, verknüpft mit der Überzeugung, dass dieses Nachvollziehen eine lohnende Sache ist. […] Es geht darum, die innere Welt des Klienten mit ihren privaten, individuellen Bedeutungszusammenhängen zu erspüren, als sei es ihre eigene, ohne aber jemals die ‚Als-ob'-Qualität des Erlebens aus den Augen zu verlieren."

Verhalten vs. Wünsche / Ziele

b) Diskrepanzen entwickeln: Motivation zur Veränderung entsteht, wenn eine Diskrepanz zwischen gegenwärtigem Verhalten und persönlich wichtigen Werten und Zielen wahrgenommen wird. Je größer die Diskrepanz, desto größer ist die Dringlichkeit der Veränderung. Die Argumente für eine Veränderung soll der Klient selbst liefern, der Therapeut oder Berater steuert jedoch den Prozess. Gemeinsam werden Ziele und Wünsche des Klienten identifiziert und überprüft, inwiefern sie mit dem Verhalten in Konflikt stehen.

Widerstand als Signal

c) Widerstand umlenken: Widerstand ist nach dem Verständnis der motivierenden Gesprächsführung ein Signal, die Vorgehensweise zu ändern. Der Sozialarbeiter sollte deshalb dem Widerstand keinesfalls direkt begegnen und für die Veränderung argumentieren, sondern den Klienten aktiv in den Prozess der Problemlösung einbinden. Der Klient wird als die beste Quelle für Antworten und Lösungen gesehen.

Glaube an Veränderung

d) Selbstwirksamkeit fördern: Selbstwirksamkeit bedeutet „die Überzeugung einer Person, dass sie fähig ist, eine bestimmte Aufgabe auszuführen und erfolgreich zu beenden". Sie ist „ein Schlüsselelement für die Motivation, sich zu verändern und ein relativ guter Prädiktor für das Behandlungsergebnis" (Miller / Rollnick 2009, 64). Neben dem Glauben des Klienten, sich verändern zu können, kann auch die Erwartung des Therapeuten / Beraters eine Wirkung auf das Ergebnis haben und somit zur Selffulfilling Prophecy werden.

Indikation für MI

Nach Mann et al. (2002) ist die Motivierende Gesprächsführung aus verschiedenen Gründen besonders für die Arbeit mit Abhängigkeitserkrankten und Straftätern anwendbar. Erstens gibt es einige wichtige Parallelen zwischen kriminellem und abhängigem Verhalten: Beispielsweise entsteht bei beidem emotionale Belohnung wie Spannung, Erleichterung, Erfolg etc., die auf anderem Wege für den abhängigen Klienten vielleicht nur schwer zu erreichen wäre. Zweitens ruft abweichendes Verhalten, ähnlich oder sogar noch in größerem Ausmaß als Alkohol- und Drogenabhängigkeit, Stigmatisierungen und Etikettierungen hervor, die der Veränderungsmotivation schaden können. Ein humanistischer Ansatz wie die Motivierende Gesprächsführung kann dem durch die Stigmatisierung verursachten Schaden hinsichtlich der Motivation entgegenwirken.

Wirksamkeit von MI

Bleibt noch zu erwähnen, dass MI in vielen Studien seine Wirksamkeit nachgewiesen hat. So können Lundahl und Burke (2009) in einer Metastudie belegen, dass MI signifikant 10–20 % effektiver ist als keine Behandlung und im Suchtbereich bei der Reduzierung des Suchtmittelkonsums mindestens so wirksam ist wie andere Methoden. Das Gruppensetting ist für MI allerdings weniger effektiv als das Einzelsetting.

5.2.2 Konfrontative Pädagogik

Annahmen der KP

Während also viele Argumente dafür sprechen, als Haltungsparadigma die Grundhaltung der Motivierenden Gesprächsführung zugrunde zu legen, gibt es aus der Theorie der „Konfrontativen Pädagogik“ (KP) Widerspruch. Für sie gibt es durchaus Situationen, in denen eine Konfrontation sein muss:

> „Mit konfrontativen Techniken intervenieren Pädagogen etwa bei Mobbing, Vandalismus, ‚Abzieherei‘, bei Unterdrückung und Erpressung, bei Terrorpraktiken und auch extremen Beleidigungen – auch auf dem Schulhof – denn abwarten und gewähren lassen bedeutet bei derartigen Auseinandersetzungen, dissoziale Muster zu tolerieren“ (Weidner 2009a, 29).

Der Grund ist einfach: „Viele aggressive Mehrfachtäter folgen einem ‚bestechenden‘ Verständnis: Sie interpretieren Freundlichkeit und Milde als Schwäche. Sie rechnen die empathische Kompetenz der Erzieher dem Repertoire der ‚Loser‘ zu.“ (31) Die konfrontative Haltung kann demzufolge erforderlich sein, um die klare Grenzziehung zwischen erwünschtem und nicht akzeptablem Verhalten zu verdeutlichen. Eine „akzeptierende Pädagogik“, so Weidner, erweist sich häufig gerade dort als konfliktscheu, wo destruktives Verhalten andere, Schwächere, schädigt. Im Bestreben, diese Konflikte zu vermeiden, werden die gesellschaftlich akzeptierten Grenzen verwischt. Damit distanziert sich die KP von einer Pädagogik, die ihre Veränderungsmethodik hauptsächlich in einer akzeptierenden „Beziehungsarbeit“ gesehen hat. Eine solche wird etwa von Koch/Behn (1997), auch bezogen auf gewaltbereite Jugendliche, vertreten:

> „Für Jugendliche ist es wichtig, endlich eine Person zu treffen, die ihnen zuhört, die ihnen Raum gibt, Probleme zu formulieren, vielleicht sogar Gefühle zu äußern. Gemeinsame Unternehmungen können eine Brücke sein, zu dieser Ebene des Gesprächs zu kommen [...]. Die Jugendlichen sind neugierig auf den Sozialarbeiter/die Sozialarbeiterin, der/die offensichtlich anders ist als sie, andere Lebensformen und andere Einstellungen repräsentiert." (Koch/Behn 1997, 159)

Empathiedefizite und Rechtfertigungsstrategien

Von einer solchen Vorstellung grenzt sich KP ab. Im Menschenbild der KP sind Jugendliche keineswegs „neugierig" auf die Sichtweise der Sozialarbeiter, sondern im Gegenteil: Sie lehnen diese ab, empfinden Hilfsbereitschaft als Weichlichkeit und Einfühlung als Schwäche. Sie haben kein Interesse, über ihre Probleme zu sprechen, denn sie sehen keine Probleme. Sie brauchen keinen, der ihnen verständnisvoll zuhört, vielmehr weisen sie große Empathiedefizite auf. In der Männlichkeitsvorstellung dieser Täter sind Rechtfertigungsstrategien an der Tagesordnung („Irgendwie sah der schwul aus.") und niedergeschlagene Opfer dienen als Tankstelle für das Selbstbewusstsein. Jugendliche, deren Motto „Gewalt macht Spaß" ist, werden wohl das sozialarbeiterische Ansinnen auf „gemeinsame Unternehmungen" im besten Fall als „naiv" betrachten, im schlimmeren Falle vielleicht als Provokation (Charakterisierung der Jugendlichen nach Weidner/Malzahn 2009).

Grenzziehung

Solchen Jugendlichen ist nach Auffassung der KP nicht allein mit Akzeptanz, Empathie und Authentizität beizukommen, vielmehr bedarf es auch einer klaren und durchaus auch konfrontativen „Grenzziehung", um auf dauernde Grenzverletzungen zu reagieren. Weidner bezeichnet diese „Grenzziehung" auch als „Gegenwirkung" gegen Verhaltensweisen, die

- andere bedrohen,
- die Betroffenen selbst bedrohen,
- die Grenzen der Belastbarkeit überschreiten (Weidner 2009b).

Levels der Konfrontation

Für die oben dargestellte klassische Pädagogik der 1980er und 1990er Jahre (Koch/Behn 1997) wäre eine derartige „Grenzziehung", die im extremen Fall bis zur „physical restraint" geht, ein Komplettversagen der Pädagogik, für die KP ist ein solches Attribut ein „fatales Missverständnis" (Weidner 2009b, 68). Sein Credo lautet: „Schlüssel zum Erfolg sind Begeisterungsfähigkeit, ein abgestimmtes Verhalten der Mitarbeiter, Empathie und der Mut zur Konfrontation." (69)

Das „Mutterhaus“ der KP, die Glenn Mills School, entwickelt die **„sieben Levels der Konfrontation“:**

1. friendly – nonverbal (freundliche Geste macht auf Regelverstoß aufmerksam)
2. concerned – nonverbal (Geste wird mit ernsthaftem Gesichtsausdruck unterstützt)
3. friendly – verbal (freundliche Ermahnung)
4. concerned – verbal (barsche Ermahnung im klaren Befehlston)
5. Support (die Umstehenden unterstützen den Aufruf, indem sie sich um den Konfrontierten gruppieren)
6. Touch for attention (ein Mitarbeiter darf den Konfrontierten körperlich berühren, er wird umringt von „supporters“)
7. physical restraint (Supporters werfen sich auf den Konfrontierten und halten ihn fest, bis er sich beruhigt hat.) (Weidner 2009b, 69 ff.)

Konfrontation als Hilfe

Weidner resümiert: „Die sieben Levels der Konfrontation sind kein therapeutisches Verfahren, aber ein Orientierungspunkt für Sozialpädagogik und Psychologie im Umgang mit schwierigen, aggressiven Jugendlichen, vor deren Dynamik viele Professionelle resignieren. Konfrontation kann Hilfe sein.“ (77)

An diesem Beispiel lässt sich die von Motivierender Gesprächsführung klar abweichende Haltung erkennen, für die schon eine verbale Korrektur Widerstandsphänomene hervorruft (Miller/Rollnick 2015). Ziel der KP ist es hingegen, den Klienten schlagartig und emotional aufgeladen mit der Wirklichkeit zu konfrontieren (Delker 2009). Mit Verweis auf Erkenntnisse der Hirnforschung, wonach Lernen hirnphysiologisch mit dem Vorhandensein von Neuromodulatoren zu tun hat, die insbesondere bei emotionalem Erleben ausgeschüttet werden, schließen die Protagonisten der Konfrontativen Pädagogik:

> „Durch das ‚Aufbrechen‘ der bisherigen starren Überzeugungen und Wertvorstellungen wird der Protagonist auf dem Heißen Stuhl emotional mit Gefühlen von Trauer, Angst und Scham überschwemmt und erfährt im selben Moment von den Gruppenteilnehmern und TrainerInnen positive Wertschätzung, Rückhalt und Unterstützung […]. Wie Forschungsergebnisse belegen, kann es aufgrund eben dieser hohen Emotionalität in der Lernsituation zu einer Restrukturierung der bisherigen Netzwerkverknüpfungen im Gehirn und damit zu einem neuen Wissenserwerb, zu einer Umbewertung bisheriger Überzeugungen und Wertannahmen, kommen.“ (Delker 2009, 100)

Kritik und Fragen

Kritisch muss Folgendes angemerkt werden: Diese Annahme von der lernfördernden Wirkung von Angst auslösenden Reizen simplifiziert die differenzierten Lernvorgänge – schließlich löst Angst zunächst vor (!) allem Denken Schutz und Abwehrreflexe aus, verhindert Denken und wird erst im gedanklichen „Nachfassen" auf seine Berechtigung überprüft (Grawe 2004). Zudem ist die spezialpräventive Wirkung von „Grenzziehungen" wohl eher begrenzt (Huck 2009). Weitere Anfragen an eine konfrontative Pädagogik äußert Krafeld (2009):

- Gelingt die Gratwanderung zwischen Respekt und Konfrontation?
- Ist KP nicht ausschließlich defizitorientiert?
- Darf man zur Veränderung unethischen Verhaltens zu unethischen Mitteln greifen?
- Hat Beziehungsqualität einen Stellenwert?
- Verführt das Machtgefälle nicht zur Machtausnutzung?
- Bewirkt KP nicht Scheinanpassungen?

Diese Anfragen sind insbesondere dann berechtigt, wenn man die konfrontativen Techniken isoliert und nicht in ihren von den Autoren ausdrücklich gewollten Zusammenhang stellt.

5.2.3 Konfrontierende Elemente in der Beratung und Therapie

Konfrontation in der systemischen Beratung

Konfrontierende Elemente kennt auch die systemische Beratung. Es gibt eine Reihe von differenzierten System- und systemischen Theorien (Überblick über systemische Therapieformen: Mücke 2003; systemische Ansätze in der Sozialen Arbeit: Krieger 2010), deshalb sollen hier nur einige wenige wesentliche Gesichtspunkte referiert werden.

Definition

Da systemische Konzepte derzeit Konjunktur zu haben scheinen, ist eine kurze Definition dessen, was mit „System" gemeint ist, sinnvoll:

> „Ein System ist eine Ganzheit, die aus Elementen besteht. Elemente sind die Komponenten eines Systems, also das, was im wechselseitigen Zusammenwirken ein System konstituiert. [Die] Vielfalt von Elementen und von Wechselbeziehungen zwischen diesen Elementen begründet die Komplexität eines Systems." (Rüegg-Stürm 2003, 18)

Autopoiesis

Die Bindung der Elemente untereinander lässt ein System als ein „Ganzes" erscheinen, das mehr ist und mehr erzeugt als die Summe seiner Einzelkomponenten. Zentral für das Selbstverständnis und den Zusammenhalt eines Systems ist dessen eigener „Sinn", auf dessen Hintergrund die eigenen Regeln und Operationen ausgeführt werden. Niklas Luhmann (1927–1998) beschreibt Systeme als „autopoetisch". Die zentrale Aussage

Luhmanns hierzu heißt: „Das System verursacht sich selbst." (Luhmann 2000, 58) Das bedeutet: Das System lässt sich als Verbindung von Elementen betrachten, die sich von seiner Umwelt abhebt, indem sie ihre eigenen Regeln produziert und sich selbst ständig reproduziert.

Folgerungen

Diese Einsicht hat drei wichtige Folgen für die systemische Betrachtung:

1. Zentrales Merkmal von Systemen ist ihre **Differenz zur Umwelt**, mit der sie in einem ständigen Austausch stehen. Da „Umwelt" unendlich vielfältig ist, sind diese Austauschprozesse prinzipiell komplex. Das System muss deshalb die Komplexität reduzieren. (Luhmann 1991)
2. Um auf die Umweltkomplexität reagieren zu können, benötigt jedes System seine eigenen **„Gesetze"**, die sich insbesondere in ihrer Art ausdrücken, wie Informationen verarbeitet und Entscheidungen getroffen werden. Diese Eigenkomplexität wiederum führt zur Binnendifferenzierung von Systemen, die nichts anderes ist als die „Wiederholung der Differenz von System und Umwelt innerhalb von Systemen" (Luhmann 1988, 22).
3. Ein System muss die **Balance** finden zwischen der Geschlossenheit nach innen und der Kommunikation mit der Außenwelt. Eine Familie muss einerseits für den Zusammenhalt nach innen sorgen, sie muss andererseits Kontakte nach außen haben, fördern und die einzelnen Familienmitglieder darin unterstützen. Dabei zeigt sich die Komplexität der zu bewältigenden Aufgabe angesichts unüberschaubar vieler Variablen. Man betrachte nur die Anforderungen, die sich aus den unterschiedlichen Wünschen der Familienmitglieder und den vorhandenen internen Kommunikationsressourcen ergeben. Insofern besteht die „Managementaufgabe" in einem Familiensystem immer wieder im Ausbalancieren vertretbarer, keineswegs aber im „Herstellen" optimaler Lösungen.
4. Das System ist nicht von außen und schon gar nicht gegen seinen Willen zu „steuern". Man kann es allenfalls **zur Veränderung anregen**. Das ist der Grund, weshalb viele gut gemeinte Beratungsversuche scheitern. Auf jeden Fall bedeutet das Arbeiten in und mit Systemen eines: Unsicherheit. Miller formuliert das so:

   „Wenn eine Sozialarbeiterin im Rahmen ihrer Beratungsarbeit einen Adressaten mit ihrer Problemsicht konfrontiert, weiß sie nicht, wie dieser tatsächlich darauf reagieren wird. Er kann sich z.B. einsichtig zeigen und zustimmen, kann entrüstet ablehnen oder äußerlich dem Gesagten zustimmen, innerlich jedoch verneinen, er kann das Gesagte ignorieren u.a.m. All diese potenziellen Möglichkeiten gehören zur Komplexität. Wir können also niemals mit völliger Sicherheit sagen, wie wir oder andere in konkreten Situationen tatsächlich handeln." (Miller 1999, 43)

5. Aus diesem Grund müssen Möglichkeiten und Grenzen der Intervention in autopoietische Systeme neu überdacht werden. Es ist struktu-

rell unmöglich, mit Sicherheit vorherzubestimmen, dass **eine bestimmte Methode eine bestimmte Wirkung** hat:

> „Auf der Ebene der Intervention ist nun von zentraler Bedeutung, dass Menschen – in der Sprache der Systemtheorie – keine trivialen Maschinen sind. Triviale Maschinen sind solche, bei denen ein bestimmter Input (z.B. der Druck eines Knöpfchens beim Staubsauger) immer und zwangsläufig einen bestimmten Output (z.B. der Staubsauger beginnt zu saugen) nach sich zieht. [...] Nicht-triviale Maschinen hingegen entziehen sich dieser kalkulierbaren Input-Output-Logik, sie reagieren überraschend, nicht immer gleich, von Situation zu Situation verschieden." (Galuske 2009, 59f)

Dieses Dilemma, das besonders pädagogisches Handeln betrifft, wird häufig als „Technologiedefizit" bezeichnet und besagt, dass es nicht möglich ist, bei einer Person einen Zustand A durch eine gezielte Intervention sicher in einen Zustand B zu verwandeln (Luhmann / Schorr 1982). Das aber wiederum bedeutet: Sozialarbeiterisches Handeln ist wie jedes pädagogische Handeln immer Handeln in Unsicherheit. Nicht triviale Systeme „lassen sich nur sehr schwer steuern und stellen den Intervenierenden vor die schwierige Frage der adäquaten Strategie der Beeinflussung eines eigendynamischen Systems" (Willke, zit. in: Galuske 2009, 61).

Konfrontative systemische Techniken

Auf diese Bedingungen sind zwei systemische Beratungstechniken zugeschnitten, die ausdrücklich konfrontativen Charakter haben: die induzierte Krisenintervention und die paradoxe Intervention.

Induzierte Krisenintervention

In ihren Vorstellungen, Operationen und Werturteilen starre Familiensysteme sollen

> „außer sich geraten, um aus der verfremdeten Perspektive eines durch die Krise erschütterten Selbstbildes [...] sich selbst besser verstehen zu können. Das intervenierte System wird zu einer Reaktion provoziert, welche über die therapeutisch unterstützte Verarbeitung der Krise zu neuen ‚Einsichten' und damit zu selbstgesteuerten Veränderungsprozessen führt." (Willke 1987, 345).

Eine Möglichkeit, eine Krise bewusst herbeizuführen ist beispielsweise, die Eheleute so lange zu provozieren, bis sie sich heftig streiten. Dieser Streit riskiert bewusst die Lablilisierung einer Homöostase mit dem Ziel der Möglichkeit der Ehepartner, die blinde Aufrechterhaltung ihres starren Systems aufzugeben und sich selbst neu zu sehen. Diese Art der „Schocktherapie" ist sicherlich, wie Willke zugibt, riskant, sie erzeugt Widerstand, Aussteigewünsche, ggf. sogar Zusammenbrüche, weil die Systemidentität angegriffen wird und diese wiederhergestellt werden soll. Andererseits ist ja genau das Festhalten an dieser alten Systemidentität mit Fremd- und

Selbstzuschreibungen das Problem. Der Zusammenbruch beinhaltet die Chance, die Kontingenz erst zu erkennen, nämlich die Möglichkeit, sich und den Partner auch ganz anders bewerten zu können. Der Systemiker nimmt das Risiko bewusst in Kauf, weil er ohnedies von der Unmöglichkeit der Determinierung autopoietischer Systeme überzeugt ist. Er weiß: das System kann sich nur selbst ändern.

Paradoxe Intervention

Die Mailänder Schule der Psychotherapie und insbesondere ihre Mitgründerin Mara Selvini Palazzoli (1991) haben als ein Mittel der Arbeit mit psychisch Kranken die sogenannte „Paradoxe Intervention" entwickelt. In ihr wird mit paradoxen Aufträgen an die betreffende Familie gearbeitet. Deren Grundmotiv lautet: „Wir wollen uns ändern, ohne uns zu ändern." Dieses Paradox beschreibt das in der Schizophrenieforschung lange bekannte Phänomen der „Doppelbindung" (double-bind):

„Beim Double Bind handelt es sich um ein Kommunikationsmuster, bei dem widersprüchliche Nachrichten gleichzeitig übermittelt werden. Man könnte auch sagen: mit einem Lächeln etwas Böses mitteilen. Häufig werden auch Synonyme wie Zwickmühle, Doppelbotschaft, oder Doppelbindung verwendet. Double Bind ist also ein paradoxes Kommunikationsmuster, bei dem das Gesprochene (verbal) nicht mit der Mimik (nonverbal) übereinstimmt. Dies bezeichnet man in der Fachsprache auch als inkongruente Nachricht. Vor allem der Empfänger dieser Botschaften kann schnell in eine Art Zwickmühle geraten, da er nicht genau weiß, welche Botschaft er nun ernst nehmen soll. Beispiel: Man fragt nach dem Befinden. Der Angesprochene sagt, es gehe ihm ausgesprochen gut, doch die Mimik lässt eher den Schluss zu: ‚Lass mich in Ruhe, mir geht es gar nicht gut.' Der Empfänger weiß nun nicht, ob er der verbalen, oder der nonverbalen Botschaft Glauben schenken soll. Beim Double Bind stehen immer mindestens zwei Personen einander gegenüber, bzw. haben diese eine intensive Bindung / Beziehung zueinander." (www.conflict-prevention.org/familientherapie/double-bind/, 13.4.2012)

Das Wesen der Doppelbindung besteht also darin, dass das Gegenüber in eine Art „Beziehungsfalle" gelockt wird: egal auf welche der Botschaften er antwortet (und er kann nicht nicht antworten), es ist immer verkehrt. Wenn also Therapeuten mit guten Vorschlägen zur „Lösung" der häuslichen Situation aufwarten, können sie ziemlich sicher sein, dass diese Lösungen gemeinschaftlich abgelehnt werden. Diesem Dilemma begegnen die Therapeuten mit einem Gegenparadoxon: „Wir ändern euch, aber nur unter der Bedingung, dass ihr euch nicht ändert." Sie verschreiben die eigentlich zu ändernden Symptome als deren Heilung. Wenn sich z. B. Ehepartner anschreien, wird ihnen verordnet, sich dreimal täglich exakt fünfzehn Minuten intensiv anzuschreien. In der Destabilisierung des Dogmas („Wir können uns nur ändern, indem wir uns nicht ändern.") und dem Einnehmen aktiver Rollen liegt die Veränderung: „Wir sind nicht Opfer unserer Symptome, wir sind deren Herren".

Heilung durch eine paradoxe Situation

Milton Erickson beschreibt einen äußerst angepassten jungen Mann, der drei Ängste formuliert hat: in ein bestimmtes Restaurant zu gehen, sich mit geschiedenen Frauen zu treffen und zu tanzen. Erickson versteht diese Ängste als einen Versuch des jungen Mannes, Kontrolle über sein von den Eltern völlig reglementiertes Leben zu bekommen: „Ein Symptom muss man kriegen", ist die kurze Zusammenfassung dieser (natürlich dysfunktionalen) Strategie (Zeig 2006, 123). Erickson verschreibt dem jungen Mann dreierlei:

- „Sie werden Frau Erickson und mich mal zum Essen einladen und ich werde das Restaurant aussuchen",
- „Sie werden Ihren Gästen gefällig sein und ihnen keine Vorschriften machen, wohin sie zu gehen hätten und wohin nicht. Sie werden mit Ihren Gästen dahin gehen wollen, wo die gerne hin möchten" (natürlich genau in das vom Klienten als „unmöglich zu besuchen" genannte Lokal)
- die Frau, die ihn bei diesem Essen begleitet, ist sechsmal geschieden und geht mit ihm hinterher zum Tanzen.

Als der junge Mann bei der Umsetzung der Ankündigungen droht, Angstattacken zu bekommen, verschreibt Erickson ihm diese, ja er sucht sogar Orte für ihn aus, wo diese besonders gut möglich wären. Zur Steigerung des Effekts fängt Erickson im Lokal einen riesigen Streit mit der Kellnerin an, sodass der junge Mann von Scham in den Boden sinken zu müssen glaubt (125 ff.).

Der junge Mann kommt in eine paradoxe Situation: Einerseits will er – wie gegenüber Autoritätspersonen immer – seinen eigenen Willen völlig zurückstellen, andererseits scheint die Situation für ihn unerträglich. Aber er bewies sich, dass er die Situation durchhalten konnte, mehr noch: er forderte die Begleiterin auf, sich wieder mit ihm zu treffen. Einige Zeit später zog er von zu Hause aus.

Konfrontation mit unangenehmen Reizen

Die Konfrontation mit unangenehmen Reizen kommentiert Erickson an anderer Stelle mit den Worten: „Da können wir einen andern festen Glauben zur Ruhe betten, nämlich den, man sollte bei der Psychotherapie immer dafür sorgen, dass sich die Patienten wohl fühlen. Ich habe mir alle Mühe gegeben, dafür zu sorgen, dass ihr [der Klientin] unbehaglich wurde ..." (Zeig 2006, 114).

Johnson-Intervention

In der Alkohol-Therapie setzt eine als „Johnson-Intervention“ bekannte Technik bewusst auf Konfrontation als Mittel zur Motivationsveränderung. Johnson (1990) definiert denn auch „Konfrontation“ anders, als wir es in der KP gesehen haben: Konfrontation nach Johnson ist „presenting a person with himself by describing how I see him“ (Johnson 1990, 135). Johnson nennt ein Beispiel: „Joe, your last comment still minimizes the seriousness of your situation, and I know you know that.“ (107) Solche Konfrontationen im Face-to-face-setting sind noch wirksamer in Kombination mit Gruppensettings; beides kombiniert schließlich soll zu einer besseren Selbstwahrnehmung und damit zu einem Durchbruch zur Problemeinsicht führen.

5.2.4 Folgerungen für die Motivationsarbeit

Nach diesem weiten Umweg über Motivierende Gesprächsführung und bekannte Theorien, in denen konfrontierende Elemente verwendet werden, zeigen sich einige interessante Aspekte:

vielschichtiger Konfrontationsbegriff

Der Konfrontationsbegriff ist offenbar vielschichtiger, als er etwa in der MI-Theorie dargestellt wird. Das haben wir am Beispiel der „Johnson-Intervention“ schon gesehen; ein anderes Beispiel ist Sachse (2010), der Konfrontation mit „Fordern“ gleichsetzt und bestreitet, dass sich Beziehung und Konfrontation (in diesem Sinn verstanden) ausschließen. Im Gegenteil:

> „Es ist nicht die Beziehung allein, die Veränderungen beim Klienten bewirkt. Die Beziehung zwischen Therapeut und Klient wird für die Auslösung von Prozessen genutzt, die beim Klienten Veränderungen bewirken. Also man darf einen Klienten nicht nur füttern, man muss ihn auch fordern.“ (Sachse 2010, 55)

Mit Fordern meint Sachse:

> „immer wieder auf die Kosten des Klienten aufmerksam machen, dass er diese Kosten eigentlich nicht will, dass sie unangenehm und störend sind. Vor allem aber müssen sie [die Therapeuten, W.K.] dem Klienten immer wieder deutlich machen, dass er diese Kosten selbst erzeugt und dass seine Überzeugungen, Ziele und Handlungen letztlich zu diesen Kosten führen“ (41).

„Füttern“ und „Fordern“

„Füttern“ (=Beziehung) und „Fordern“ (=Konfrontation) gehören also zusammen; jedenfalls wird in allen Theorien von Konfrontation in einer Beratung immer betont, wie wichtig der Kontext einer Beziehung innerhalb einer Beratung ist. Sachse spricht hier vom „Beziehungskredit" und der Notwendigkeit, diesen erst aufzubauen, bevor konfrontative Elemente verwendet werden können (41).

Auch Weidner schreibt, KP müsse immer in eine akzeptierende Grundhaltung eingebettet sein. „Danach sollten 80 Prozent der professionellen Persönlichkeit einfühlsam, verständnisvoll, verzeihend und non-direktiv bleiben, aber um 20 Prozent Biss, Konflikt- und Grenzziehungsbereitschaft ergänzt werden." (Weidner 2009a, 35)

Auch die aufmerksame Betrachtung der systemischen konfrontativen Elemente lassen deutlich erkennen, dass sie nicht statt oder gar gegen eine empathische Grundhaltung, sondern nur innerhalb dieser wirksam sind. Insofern sind Konfrontation und Empathie keine Gegensätze. Richtig verstanden sind beide Elemente notwendig.

Konfrontation als temporäres Mittel

Konfrontation ist weiterhin als ein letztes Mittel gegen Grenzverletzungen zu betrachten. Als Mittel der Grenzziehung ist sie in jedem Fall ein temporäres Element, das allerdings einen durchaus sinnvollen Platz haben kann. Es kann die Möglichkeit eröffnen, nach der Konfrontation eine Chance zur Verhaltensmodifikation zu eröffnen. KP zeigt in aller Klarheit, dass Gewalt kein Mittel ist, das akzeptiert werden muss. Kilb und Weidner führen zur pädagogisch-psychologischen Verortung ihres Vorgehens aus:

> „Über die Konfrontation mit der Gewalttat und deren realen Auswirkungen auf das Gewaltopfer wird die Tat dem Täter vergegenwärtigt, ins Bewusstsein zurückgeholt und die subjektive ‚Taterzählung' realen Fakten gegenübergestellt. Rechtfertigungsstrategien und Neutralisierungsversuche werden kritisch hinterfragt, Mystifizierungen und Legendenbildungen beim Tathergang der vermeintlichen Darstellung als Helden(tat) beraubt. Über Provokationstests findet eine Desensibilisierung gegenüber subjektiv relevanter vermeintlicher Provokation und Gewaltauslöser statt" (Kilb/Weidner 2013, 87).

Problematischer Begriff

Möglicherweise ist es ja der Begriff der „Konfrontation", der es dem Befürworter einer „reinen" Lehre des MI schwer macht, sie zu akzeptieren. Diese setzt gern „Konfrontation", „Zwang", „Einschränkung" der Freiheit und die damit zwangsläufig verbundenen Widerstandsphänomene in eine quasi unumstößliche Kausalkette. So etwa, wenn Fabring / Johnson sagen:

> „Befinden sich Straftäter erst einmal in Behandlung, werden sie mit ihren Denkfehlern und ihrer Lebensgeschichte voller schlechter Entscheidungen konfrontiert, um sie davon zu überzeugen, dass sie sich ändern müssen. Wenn Menschen Erfahrungen damit machen, dass von außen Veränderungsanforderungen an sie gestellt werden, nimmt ihr Widerstand leider zu." (Fabring / Johnson 2010, 323)

„Konfrontation" wird hier mit extrinsischer Motivation gleichgesetzt und nicht als Anstoß verstanden, alte Denkmuster zu überprüfen und damit auch zu einer intrinsischen Motivation zu kommen. Dies scheint angesichts der geschilderten Erfahrungen der systemischen Therapie eine eher ideologische denn empirische Aussage.

Selbstverständnis von MI

Dass MI Konfrontation ausschließt, mag für Außenstehende auch deshalb schwerer nachvollziehbar sein, weil sich MI in seiner Selbstbeschreibung bisweilen durch „Lyrik" auszeichnet. Rosengren spricht beispielsweise von „spirit of MI":

> „Miller and Rollnick (2002) use the metaphor of a song to describe the spirit. Within a song you have the lyrics, which are clearly an important element of that song's interest, attraction and meaning. Within MI, the lyrics might be OARS [open-ended questions, affirmations, reflective listening and summaries] and other strategies, as well as change talk – the content of an MI session. The structure of the song – the refrain, the key changes – might be the principle: these things shape the form and the lyrics of the song. Yet, it is the melody – the MI spirit – that creates the music. Melody determines the mood of the song and underscores the lyrics. It is to the melody that we tap our feet and hands, even when the lyrics fail us. It is this ‚melody' that we bring to encounters with clients, while still recognizing that other elements are important." (Rosengren 2009, 13)

Wenn der „spirit" das Zentrum von MI ist und man dafür Melodien verstehen muss, ist es für Nichtmusikalische schwer zu argumentieren.

Konfrontation mit der Opferperspektive

In der Arbeit mit Straftätern kommt ein Aspekt hinzu: Gerade wenn der Täter die Opferperspektive vermeidet, kann die Konfrontation mit dieser eine notwendige Irritation seines „Systems" sein. Die Auseinandersetzung mit angerichtetem Schaden und Schadenswiedergutmachung mag ein Beitrag zur Auseinandersetzung mit den eigenen Konstrukten des Täters sein (Gall 2009). Konfrontation darf aber nicht nur alte Verhaltensweisen destabilisieren, sondern muss zumindest gleichrangig neue Verhaltensweisen aufbauen. So beschreibt Gall als Ziel des Coolness-Trainings u. a. Gewaltvermeidung durch aktive Kommunikation.

Zusammenfassung

Mit einem richtig verstandenen Konfrontationsbegriff sind die Gegensätzlichkeiten zwischen „Beziehung" und „Konfrontation" nicht mehr recht verständlich. Vielmehr gilt es, beide Strategien zu ihrer Zeit einzusetzen: Empathie und Verstehen als Aufbau von „Beziehungskredit", konfrontative Elemente (z.B. sokratisches Hinterfragen, → 5.3.2) als Veränderungsstrategie.

5.3 Widerstand

Definition und Formen von Widerstand

Als letzte methodische Herausforderung sei hier der Umgang mit Widerständen reflektiert, der ja in Prozessen innerhalb von Zwangskontexten zunächst völlig normal ist. Praktiker werden die Verhaltensweisen kennen, die Conen (2009) beschreibt. Sie bezeichnet alle Verhaltensweisen der Klienten, welche den Veränderungsprozess ver- oder behindern wie das Nichteinhalten von Bedingungen, oberflächliche Kooperation, Manipulationsstrategien, fehlende Termineinhaltung, albernes Verhalten, Vermeidungsverhalten etc. als „Widerstand". Miller und Rollnick (2009) legen eine lange Liste von „Widerstandsverhalten" vor, die gut illustriert, wie vielfältig das ist, was als „Widerstand" gedeutet werden kann:

Vier Prozess-Kategorien von Klienten-Widerstandsverhalten in der Interaktion:

1. *Argumentieren:* Der Klient greift die Genauigkeit, Expertise oder Integrität des Therapeuten an.
   1.1 Bestreiten: Der Klient bestreitet, dass das, was der Therapeut gesagt hat, zutrifft.
   1.2 Abwerten: Der Klient stellt die Autorität und Expertise des Therapeuten in Frage.
   1.3 Feindseligkeit: Der Klient bringt direkte Feindseligkeit gegenüber dem Therapeuten zum Ausdruck.
2. *Unterbrechen:* Der Klient fällt dem Therapeuten ins Wort oder unterbricht ihn in einer abwehrenden Haltung.
   2.1 Darüber reden: Der Klient spricht, während der Therapeut noch redet, ohne auf eine angemessene Pause zu warten.
   2.2 Unterbrechen: Der Klient unterbricht den Therapeuten, um ihm das Wort abzuschneiden. (Zum Beispiel „Jetzt aber Schluss. Ich haben so ziemlich genug gehört.")
3. *Negieren:* Der Klient zeigt Unwilligkeit, Probleme zu erkennen, zu kooperieren, Verantwortung zu übernehmen oder Rat anzunehmen.
   3.1 Schuldzuweisung: Der Klient weist anderen Personen die Schuld für seine Probleme zu.
   3.2 Ablehnen: Der Klient lehnt die Vorschläge des Therapeuten ab. Zum Beispiel die „Ja, aber"-Antwort, die nur aufzeigt, warum der Vorschlag nicht umsetzbar ist.
   3.3 Ausreden: Der Klient macht Ausreden für sein Verhalten.
   3.4 Bagatellisieren: Der Klient behauptet, nicht gefährdet zu sein (zum Beispiel durch den Alkoholkonsum).
   3.5 Minimalisieren: Der Klient unterstellt, dass der Therapeut Risiken und Gefahren übertreibt und dass sein Problem wirklich nicht so schlimm ist.

3.6 Pessimismus: Der Klient macht verallgemeinernde Aussagen über sich und andere, die pessimistisch, defätistisch oder negativ gefärbt sind.
3.7 Zögern: Der Klient äußert Zurückhaltung oder Zögern gegenüber Informationen und Ratschlägen.
3.8 Unwilligkeit, sich zu verändern: Der Klient zeigt einen Mangel an Verlangen oder eine Unwilligkeit für eine Veränderung oder äußert die Absicht, sich nicht zu ändern.

4. *Ignorieren:* Der Klient zeigt eindeutig, dass er den Therapeuten ignoriert oder seinen Anweisungen nicht Folge leistet.
4.1 Unaufmerksamkeit: Die Äußerungen die Klienten zeigen, dass er den Ausführungen des Therapeuten nicht zugehört hat.
4.2 Keine Antwort: In Erwiderung auf eine Frage des Therapeuten reagiert der Klient in einer Weise, die keine Antwort darstellt.
4.3 Keine Response: Der Klient reagiert weder verbal noch nonverbal auf die Aufforderungen des Therapeuten.
4.4 Ablenken: Der Klient wechselt das Thema, das der Therapeut verfolgt hat. (Miller/Rollnick 2009, 73 f.)

5.3.1 Das „Phänomen"

Widerstand im psychoanalytischen Verständnis

Betrachten wir zunächst das, was Psychotherapeuten „Widerstand" nennen, so treffen wir wieder auf die Phänomene, die wir in einem früheren Kapitel schon als Charakterisierung von Therapeuten für Klienten mit mangelnder „Behandlungsmotivation" beschrieben haben. Die klassische Sicht von „Widerstand" im Sinne mangelnder Behandlungsmotivation beschreiben die Psychoanalytiker Ammon et al.: Dieser

> „äußert sich im Vergessen von Stunden, im Zuspätkommen, kein Interesse an der analytischen Arbeit zu haben und im Verweigern einer Zusammenarbeit mit dem Analytiker überhaupt bis hin zu destruktiven Wutausbrüchen in der Analyse, in denen der Kontakt zum Analytiker und zur analytischen Arbeit abgebrochen und versucht wird zu zerstören" (Ammon et al. 1985, 59).

Die Stärke des Widerstands korreliere mit der Stärke der „Ich-Krankheit", denn der Widerstand sei nötig, um den Klienten aus der symbiotischen Übertragungsbeziehung, durch die er mit seinem Therapeuten gehen muss, wieder zu lösen. Wenn dazu viel Widerstand in Form von Aggression nötig ist, zeige dies nur an, wie schwach das Ich ist (Ammon et al. 1985). Denn „Widerstand" im psychoanalytischen Sinne einer „Behandlungsmotivation" bezeichnet

> „die Kraft, die sich beim Patienten während der psychoanalytischen Behandlung der Bewusstmachung der verdrängten, aus dem Es stammenden Wünsche und Bedürfnisse, sowie der verdrängten, aus dem Über-Ich stammenden Schuldgefühle entgegensetzt" (Dorsch, zit. in: Caspar/Grawe 1985, 349).

Widerstand als Bestätigung des Therapeuten

Mit anderen Worten: Je mehr Widerstand der Klient den Aufdeckungsversuchen des Analytikers entgegensetzt, desto größer ist sein Ich-Problem: das Es und das Über-Ich regieren über das Ich. Etwas überspitzt könnte man sagen: Je mehr Widerstand in diesem Sinne der Klient leistet, desto sicherer kann der Therapeut sein, sich auf dem richtigen Weg zu befinden. Ohne eine hier nicht zu leistende Beurteilung der Psychoanalyse anbieten zu können, sei doch angemerkt, dass Analytiker möglicherweise außer Acht lassen, dass der Grund für die mangelnde Kooperation und das vielleicht sogar aggressive Aufbegehren des Klienten auch in der Person und im Verhalten des Analytikers zu suchen sein könnte. Hier wird postuliert, dass der Widerstand „nicht dem Analytiker [...] entgegengebracht wird, sondern dem Prozeß, der sich innerhalb des Patienten abspielt" (Menninger/Holzmann 1977, 129).

Nun hat Dahle (1998) sehr schlüssig dargelegt, dass Motivation nicht nur mit dem inneren Prozess der Einschätzung des Klienten bezüglich seiner „Krankheit" geprägt ist, „sondern zu einem Gutteil von seiner Antizipation des therapeutischen Angebotes" (Dahle 1998, 99) – sprich: von der Person des Therapeuten und dem Konzept der Therapie. Dass dies die Psychoanalyse nicht reflektiert, sondern mangelnde Motivation und daraus resultierende Motivationsprobleme als rein „innerpsychische Prozesse" quasi unabhängig von der Außenwelt versteht, scheint ihr „blinder Fleck" zu sein, was für uns nur ein weiterer Grund mehr sein muss, zwischen „Behandlungsmotivation" und „Veränderungsmotivation" zu unterscheiden.

Widerstand aus Scham

Aus der psychoanalytischen Sicht erscheint ein weiterer Aspekt wichtig: Die Ursache für „Widerstand" kann darin liegen, dass sich der Mensch seiner Probleme in dem Ausmaß schämt, dass er es nicht einmal sich selbst zugeben kann. Einen solchen Gedanken finden wir bei Schneider (1985), die Widerstand als eine Art Schutzmaßnahme interpretiert:

> „Nach innen schützt er sich gegen Unruhe, Erregung, Angst und Schmerz, Phantasien und Gefühle, die in die Richtung führen könnten, werden vermieden. Nach außen schirmt er sich gegen zu große Nähe ab. Besser wenig oder nichts als zuviel, [...] Im Widerstand wird die Aufrechterhaltung des Gewohnten zum Prinzip, alles ist verträglicher als Veränderung. Der Klient stellt uns vor die Aufgabe, seine Absicht, sich zu verändern, ernst zu nehmen und seinen Wunsch, das unvermeidlich Neue solle ungefährlich und schmerzlos sein nicht zu massiv zu enttäuschen." (Schneider 1985, 230)

Sozialpsychologisches Verständnis

Anders als die Psychoanalyse betrachtet die Reaktanztheorie (Brehm / Brehm 1981) Widerstand als eine normale Reaktion auf drohenden Autonomieverlust. Für sie ist beispielsweise eine Psychotherapie ein Prozess, „in dem der Therapeut die Kräfte der Überredung und des sozialen Einflusses ausübt, um Verhalten, Gedanken und Gefühle des Patienten zu ändern" (Beutler et al. 2008, 681). Dieser Bedrohung der Freiheit versucht der Klient mit Nicht-Kooperation entgegenzuwirken. Insofern ist aus dieser Sicht die Haltung des Therapeuten, seine Direktivität und sein Grad an Übernahme der Kontrolle ein wesentlicher Faktor zur Erhöhung oder Verminderung des Widerstands. Das meinen auch Miller und Rollnick, wenn sie sagen:

> „Wir befürworten eine mehr beziehungsbezogene Betrachtungsweise, in der Widerstand seitens des Patienten höchstens als ein Zeichen von Dissonanz in der Beziehung gewertet wird. In gewisser Weise ist es ein Widerspruch in sich zu sagen, dass eine Person nicht kooperiert. Es bedarf mindestens zweier Personen, um nicht zu kooperieren und Widerstand zu erzeugen." (Miller / Rollnick 2009, 69)

Der naheliegende Schluss, nun auf Direktivität zu verzichten, ist allerdings zu kurz gegriffen, denn es gibt offensichtlich Klienten, die auf Direktivität ausgesprochen positiv reagieren (Beutler et al 2008, 689). Dieses Ergebnis weist auf die Erkenntnisse Grawes hin, nach denen es Menschen gibt, deren Bedürfnis nach Autonomie offensichtlich ausgeprägter ist als bei anderen (Grawe 2004).

Fassen wir das bisher Gesagte zusammen, so ergibt sich ein komplexes Bild des „Widerstand"-Phänomens:

Das **Phänomen „Widerstand":**

- Es ist vorteilhaft, Widerstand nicht als „Störung" wahrzunehmen, sondern als eine normale Reaktion auf einen vom Klienten wahrgenommenen drohenden Autonomieverlust.
- Widerstand kann von einem inneren Prozess des Klienten selbst herrühren, d. h. ein Ausdruck von Schuld- und Schamgefühlen sein.
- Er kann aber auch motiviert sein durch die Ablehnung der Vorgehensweise oder der Person des Therapeuten.

Arten von Widerstand

Caspar / Grawe (1985, 352 ff.) haben in einem ihrer frühen Texte eine für die Analyse des Phänomens sehr brauchbare Unterscheidung angeboten. Für sie lassen sich vier Arten von Widerstand unterscheiden:

1. **Widerstand gegen die Veränderungsziele:** Diese Widerstandsform zeigt sich meist erst, wenn die Ziele konkret werden. Gegen das Ziel „Selbstständig werden" dürfte sich kein Widerstand ergeben, wohl aber gegen das Ziel „Leben vom eigenen Einkommen" ohne Zuschüsse der Eltern. Insofern liegt in der Mehrdeutigkeit der Veränderungsziele vermutlich die Ursache vieler gescheiterer Hilfepläne. (Klug et al. 2012)
2. **Widerstand gegen die Veränderungsmittel:** Es kann sein, dass der Klient beispielsweise eine Langzeittherapie ablehnt, selbst wenn er etwas an seinem Alkoholproblem ändern will. Oder es zeigt sich, dass eine psychoanalytische Verfahrensweise dem Klienten zu langwierig ist, sodass er sich dagegen wehrt. Nicht jedes Ablehnen eines beraterischen Mittels, einer Therapie oder einer Interventionsform ist gleich unvernünftig und Zeichen eines Veränderungswiderstands.
3. **Widerstand gegen Interaktionsweisen in der Beratung:** Die Erfahrung, die wir wohl mit allen Beratern teilen, ist: Nicht jeder Interaktionsstil passt für jeden Klienten. Es kann also sein, dass der Widerstand aus einer „Typusunverträglichkeit" mit der Person des Beraters und der Art des Vorgehens resultiert.
4. **Widerstand gegen das „Modell vom Funktionieren des Menschen"** (Caspar/Grawe 1985, 352)**:** Diese Widerstandsform ist an den klassischen Therapieformen leicht deutlich zu machen: Es mag sein, dass einem Klienten die Verhaltenstherapie zu technisch oder die Psychoanalyse zu irrational ist, sodass die dahinterliegenden Menschenbilder abgelehnt werden. Für die Soziale Arbeit kann man sich vorstellen, dass beispielsweise im Falle von Schulproblemen des Kindes die Einbeziehung der Eltern in einer systemischen Familientherapie durchaus deren Widerstand hervorruft, weil sie glauben, nicht die Familie als Ganze, sondern nur das Kind sei behandlungsbedürftig.

Zusammenfassung

Fazit der phänomenologischen Betrachtung: Widerstand ist ein komplexes Phänomen, dessen jeweilige Analyse beim Auftreten von großer Bedeutung ist, weil sonst sehr schnell dem Klienten das Etikett „unmotiviert" angeheftet wird. Dieses wiederum wird als Legitimation verwendet, „es sich mit den Insassen gemütlich zu machen [...] und insgesamt die Zeit mit Pseudoaktivitäten auszufüllen" (Wagner/Werdenich 1998, 40).

5.3.2 Umgang mit Widerstand

Zum Umgang mit Widerstand sind zwei Schritte nötig:

a. Analyse der Gründe für den Widerstand und
b. angepasste Interventionen zur Überwindung des Widerstandes

a) Analyse der Gründe für den Widerstand: Miller und Rollnick definieren Widerstand, wie schon ausgeführt, als „ein Zeichen von Dissonanz in der therapeutischen Beziehung" (Miller / Rollnick 2009, 71). Folgt man dieser Lesart, so hat das widerständige Verhalten etwas mit dem Beraterverhalten zu tun. Beutler et al. betonen, dass der Widerstand auch mit dem „Grad der Direktivität des Therapeuten gegenüber dem Patienten" (Beutler et al 2008, 695) zu tun hat. Thomas Gordon zeigt an einigen Beispielen direktive Kommunikationsblockaden (er nennt sie „Straßensperren"), die zu Widerstand führen können:

- Warnen oder bedrohen,
- Moralisieren oder predigen,
- Verurteilen oder kritisieren,
- Befehlen oder anweisen,
- Streiten oder belehren. (zit. in: Fuller / Taylor 2012, 144)

Beraterverhalten

Der erste Analyseschritt betrifft also die Verhaltensweisen des Beraters selbst. Er mündet in dem Grundsatz, den Fuller und Taylor mit dem einfachen Satz beschreiben: „Sie können Ihr Verhalten ändern, um eine andere Reaktion auf Seiten des Klienten zu erreichen." (Fuller / Taylor 2012, 142).

Autonomie

Ein weiterer damit eng verbundener Aspekt der Analyse sind die Bedürfnisse des Klienten. Mithilfe der Reaktanztheorie erkannten wir bereits ein mögliches Bedürfnis: das Bedürfnis nach Autonomie. Wenn der Klient dies gefährdet sieht, reagiert er mit Ablehnung und Verweigerung. Das Gefühl der „Entmachtung" – das Gegenteil von Empowerment – kann bei Klienten schnell auftreten, wenn mit bestem Wissen geäußerte „Ratschläge" des Beraters eingesetzt werden, um Probleme schnell und einfach zu lösen (z. B. „Sie könnten doch auf Therapie gehen."). Aber

> „anstatt den Klienten in der Veränderung zu bestärken, versperren diese Vorgehensweisen einer Veränderung den Weg. Der Therapeut ‚entmachtet' den Klienten insofern, als er von einer einseitigen helfenden Beziehung ausgeht, den Dialog kaum aufkommen lässt oder Streit entfacht." (Fuller / Taylor 2012, 143)

Ein relevantes Thema des Klienten könnte das des Selbstwertschutzes sein. In ihrer Analyse existenzieller menschlicher Gefühle beschreiben Lazarus / Lazarus (1994) „Schuldgefühle“ als die normale Reaktion auf die Übertretung eines als verbindlich gehaltenen Moralkodex. Die Reaktion kann entweder eine (echte) Entschuldigung sein, d. h. das Unrecht wird anerkannt und die Konsequenz wird akzeptiert, oder das Schuldgefühl wird neutralisiert, d. h. es wird der Versuch unternommen, mit dem Gefühl umzugehen, ohne die eigene Schuld zu bekennen. Die Verhaltensweisen sind dann: Beschuldigung der Opfer, Minimalisierung des Schadens etc. (Sykes / Matza 1968).

Selbstwertschutz

Wichtig für unseren Zusammenhang: Es kann sein, dass diese Neutralisierungstechniken verwendet werden, damit sich die Person selbst vor der Einsicht schützt, dass sie Unrecht begangen hat und demzufolge Reue empfinden müsste. Das Eingestehen einer so schweren Fehlleistung könnte bei einem stark bedrohten Selbstwert eine psychische Destabilisierung auslösen. Deshalb befürchten Marshall et al. (2001) auch, dass eine direkte Konfrontation mit der verwerflichen Tat oder die Forderung, diese zuzugeben, bei Selbstwertschwachen zu vordergründigen, aber nicht ehrlichen Anpassungsleistungen, nicht aber zu echter Reue führen wird. Sie schlagen vor, Verantwortungsübernahme als einen dauernden Prozess zu begreifen, der mit dem Erreichen anderer, nicht unmittelbar mit der Tat zusammenhängender Ziele wahrscheinlicher wird, so z. B. mit adäquaten „Coping skills“ und der Entwicklung von Selbstwertgefühl.

Etwas allgemeiner gesagt: Der Analyseschritt muss dahingehend geführt werden, ob für eine Konfrontation mit den unangenehmen Themen genügend „Beziehungskredit“ angesammelt ist, sprich: dem psychischen Grundbedürfnis des Klienten in ausreichendem Maße Rechnung getragen wurde.

b) Angepasste Interventionen zur Überwindung des Widerstands: Wenn die zuletzt getroffene Feststellung stimmt, ist es nachvollziehbar, wenn Sachse davon spricht, dass bei allen „schwierigen“ Klienten, also insbesondere stark widerständigen, die Art der Beziehungsgestaltung von zentraler Bedeutung ist (Sachse 2010, 45). So ist bei stark reaktanten Personen mit einem niedrigen Selbstwertgefühl ein hohes Maß an Wertschätzung, Empathie und Respekt vor ihrer Entscheidung notwendig, was selbstverständlich nicht bedeutet, sie damit in Ruhe zu lassen (→ 5.1: die Unterscheidung zwischen Motivebene und Spielebene). Es bedeutet bei einem starken Autonomiebedürfnis des Klienten, dass die „Brechstange“ wohl nicht das geeignete Werkzeug ist, sondern das geduldige Anbieten alternativer Konstrukte.

stufengerechte Intervention

Zudem kommt es darauf an, in welcher Phase des Motivationsprozesses der Klient ist:

> „Tatsächlich hat sich für kognitiv-behaviorale Therapien bestätigt, dass sie sich am besten für Patienten eignen, die relativ reaktant sind, wohingegen selbstbezogene und klientenzentrierte Therapien für stark zu Reaktanz neigende Patienten am effektivsten sind." (Beutler et al. 2008, 695 f.)

Diese Erkenntnis kann zu der Grundregel führen, dass für die Motivierungsphase für stark reaktante Menschen eine an MI orientierte Gesprächsführung vorteilhaft ist, während, wie wir wissen, in der Veränderungsphase kognitiv-behaviorale Methoden wirksamer sind (McGuire / Priestley 1995; McGuire 2001).

Grundregeln der Motivationsarbeit

Wenn wir dies als Ausgangspunkt für die Motivationsarbeit nehmen, gelten folgende Grundregeln:

1. **Reflexion:** Der adäquate Umgang mit Widerstand setzt immer eine Selbstreflexion des Beraterverhaltens und eine Reflexion der Bedürfnisstruktur des Klienten voraus.
2. **Keine Ratschläge:** Kommunikative „Straßensperren" wie Rat geben, zu einer Lösung drängen oder gar drohen führen nicht zu einer Minderung des Widerstands, sondern allenfalls zu einer äußeren Anpassungsleistung.
3. **Widerstand anerkennen:** „Widerstand nicht mit Widerstand zu begegnen. Eine einfache Anerkennung der Gefühle, Wahrnehmungen oder der Tatsache, dass die Person anderer Meinung ist, kann eine weitere Exploration an Stelle einer fortgesetzten Abwehrhaltung ermöglichen." (Miller / Rollnick 2009, 141)
4. **Sokratische Fragen:** Anstatt zu widersprechen, benutzte der griechische Philosoph Sokrates (5. Jh. v. Chr.) eine Fragetechnik, die sein Gegenüber dazu brachte, die Antwort selbst zu formulieren, statt sie von Sokrates zu erwarten. Diese „Sokratische Fragetechnik" setzen Miller und Rollnick (2009) zusammen mit reflektierenden Aussagen ein, um den „Widerstand umzulenken". Hilfreich können folgende Fragen sein:

   - Was sind die Gründe für …?
   - Was sind die Konsequenzen von …?
   - Wie kommen Sie darauf, dass …?

   „Damit eine sokratische Frage sinnvoll ist, muss sie in Verbindung mit sorgfältigem Zuhören und Spiegeln verwendet werden. Da, wo als Reaktion auf sokratische Fragen weiterhin mehr Widerstand entsteht, ist es hilfreich, mit mehr reflektierenden Aussagen zu arbeiten und die Anzahl der Fragen zu reduzieren. Das Ziel ist es, dass der Klient selbst an seinen Problemen arbeitet, ohne dass Sie ihm Ihre Ansichten aufdrängen." (Fuller / Taylor 2012, 146)

5. Dort, wo das Motiv des Klienten „Autonomie bewahren" ist, muss betont werden, dass der Klient eine eigene Entscheidung treffen muss und die Kontrolle über sein eigenes Leben behalten wird. Dort, wo Selbstwertthemen im Vordergrund stehen, sind die Bestätigung des Klienten und der Aufbau von Selbstwirksamkeitserwartung sinnvoll. Margraf betont den entscheidenden Aspekt von **„Sozialer Verstärkung"**, der seiner Erfahrung nach trotz verbaler Beteuerungen häufig vergessen wird. Es werde gerade bei großer Routine vergessen, „dass die Leistungen der Patienten Lob verdienen und auch tatsächlich gelobt werden müssen" (Margraf 2009, 490).

Autonomie gewähren

6 Zusammenfassung: Methodische Grundprinzipien der Motivationsförderung

Ausgehend von den in den vorangehenden Kapiteln dargestellten theoretischen und methodischen Grundlagen soll im Folgenden versucht werden, **sechs methodische Grundprinzipien der Motivationsförderung** abzuleiten. Sie bilden die Eckpunkte der nachfolgenden operationalisierten und manualisierten Motivationsförderung (Teil B) und verstehen sich als „Brücke" zwischen den theoretischen Aussagen über Motivation und Motivationsförderung in Zwangskontexten der Sozialen Arbeit und der praktischen Beratungsarbeit.

umfassendes Verständnis von Motivation

Die Ausgangslage dieser methodischen Prinzipien ist ein integriertes bio-psycho-soziales Verständnis von Motivation. Dieses ergibt sich aus den in den vorgehenden Kapiteln referierten Befunden aus der Motivationspsychologie, den psychotherapeutischen Erkenntnissen und aus den Wissensbeständen der Sozialen Arbeit. Es wird deutlich, dass die für die Bearbeitung von sozialen Problemen in Zwangskontexten notwendige Motivation der Klienten nicht ausschließlich als individuelle Komponente verstanden werden darf. Die dargestellten Erkenntnisse weisen vielmehr darauf hin, dass biologische und psychologische Komponenten der Motivation mit den sozialen Bezügen der Klientschaft und der sozialen Interaktion mit der Fachkraft eng verbunden sind. Die Wirkung der bisher eingesetzten Methoden und Techniken (z. B. Motivierende Gesprächsführung) kann durch die bessere Verknüpfung individueller (biologischer / psychologischer) Faktoren mit den sozialen Faktoren der Motivationsentstehung und -beeinflussung gesteigert werden.

biologische, psychische und soziale Ebene

Zur biologischen Ebene der Motivation gehören die neuronal verlaufenden Prozesse der Selbstregulation, auf der psychischen Ebene können emotionale und kognitive Elemente der Motivation festgemacht werden (z. B. Einstellungen zum Problem oder sich entwickelnde Veränderungsziele) und auf der sozialen Ebene wird deutlich, dass Motivation und Handeln einerseits mit den Kontexten der Klienten eng interagieren und Veränderungen nicht unabhängig von sozialen Ressourcen geschehen, andererseits die Beziehung zwischen Klient und Sozialarbeiter im Rahmen von Hilfe und Kontrolle „motivierend“ (oder „demotivierend“) sein kann. Aus dieser integrierenden Position werden die sechs Prinzipien formuliert, welche uns methodisch zur Motivationsförderung von Klienten in Zwangskontexten anleiten:

Theoretische Basis

Theoretisch fundierte Motivationsarbeit leisten: Generell gilt: Professionelle Interventionen bedürfen einer theoretischen Basis. Darin unterscheidet sich eine Profession von laienhaftem Tun. In den bisherigen Kapiteln haben wir versucht, den theoretischen Hintergrund für die Entstehung von Motivationsprozessen zu beleuchten. Dabei wurden Aspekte wie die innerpsychische Dynamik und die Komplexität der Interaktionen zwischen psychischen Vorgängen und Umwelt bei der Entstehung von Motivation aufgezeigt. Insbesondere haben wir das Transtheoretische Modell (TTM) vorgestellt und Motivationsdiagnostik an dieses Modell angelehnt. Daneben sind drei Aspekte wichtig:

- reflektierte Beziehungsgestaltung und ihre Grundsätze, Haltungen und Methoden,
- eine strukturierte Vorgehensweise als notwendige Bedingung für wirksame Interventionen,
- Kontextveränderung als stufenunabhängige und besonders einer ökosozialen Sicht Sozialer Arbeit entgegenkommende Vorgehensweise.

Auftrags- und Rollenklärung

Auftrag und Rollen klären: In Zwangskontexten gilt es zu klären, was in den gemeinsamen Kontakten zu bearbeiten ist. Besonders systemische Berater weisen immer wieder auf die Wichtigkeit dieses Prozessschrittes gerade in Zwangskontexten hin:

> „Ziel ist eine möglichst saubere Unterscheidung zwischen dem Auftrag, den eine Klientin einem Helfer oder Therapeuten erteilt, den Aufträgen, die von Dritten, wie Partnern, Überweisern etc. gegeben werden und den Ordnungs- und Kontrollaufträgen, die öffentliche Institutionen an ihre Mitarbeiter weitergeben.“ (Wagner/Russinger 2002, 140)

Wenn ein Klient zur Hilfe motiviert ist und einen Auftrag erteilt, bedarf es i. d.R. wenig oder keiner Motivationsarbeit, außer wenn der Klient seine Motivation im Laufe des Prozesses verliert (zur grundsätzlichen Trennung von Hilfe und Kontrolle, zur Begrifflichkeit und den Folgerungen für die Soziale Arbeit: Klug 2007). Insofern sind für unsere Thematik sich aus dem „Doppelten Mandat“ ergebende Themen relevant, Themen, die von dem gesellschaftlichen Normalisierungsauftrag der Sozialen Arbeit herrühren und nicht von Klienten eingebracht oder ausgeschlossen werden können.

In einem ersten Schritt geht es um die Bestandsaufnahme, um welche Themen es sich handelt. Es kann sein, dass diese bereits in einem eigenen (Risk-) Assessment festgestellt wurden, es kann auch sein, dass diese Themen noch einmal eigens erhoben werden müssen. In aller Transparenz gilt es, die jeweiligen Perspektiven zu klären, dem Klienten das Ergebnis des eigenen Assessments zu eröffnen (Risikofaktoren, Einschätzung der problematischen Verhaltensweisen, Trigger etc.) und zu erfahren, wie er dazu steht.

Diagnostik

Die Motivation erheben – Motivationsdiagnostik: Die Herausforderung für die Praxis besteht darin, von hauptsächlich intuitiv geleitetem Handeln zu an Kriterien orientierten Handlungsparadigmata zu gelangen. So ermöglicht z. B. das vorgestellte Stufenmodell gemäß TTM eine fundierte Motivationsdiagnostik. Eine solche Vorgehensweise hat den Vorteil, dass sie

- transparent für den Klienten ist,
- nachvollziehbar für Kollegen und damit zugänglich für kollegiale Selbstkontrolle ist,
- „state of the art" ist und insofern Standards von Professionalität entspricht.

Über den Rubikon

Den Schritt von der Absicht ins Handeln unterstützen: Das Richtige wollen, heißt noch nicht, es automatisch tun zu können. Diese Erfahrung aus dem täglichen Leben gilt natürlich auch für die Klienten. Wenn wir das Rubikon-Modell von Heckhausen zugrunde legen, so bedeutet das: Der Schritt über den Rubikon, vom Abwägen zum Planen und schließlich zum Handeln, ist nicht einfach und braucht Hilfe. Dazu gehört die komplementäre Beziehungsgestaltung genauso wie die Geduld des dauernden Abwägens.

Aus dem TTM haben wir einen Grundsatz zu verinnerlichen: Die Intervention muss immer gemäß der Stufe angelegt sein, auf der sich der Klient befindet. Konkretes Beispiel: Eine Planung von Therapiemaßnahmen hat keinen Sinn, wenn der Klient in seinem Suchtverhalten kein Problem erkennen kann. Im Manual werden wir deshalb eine Reihe von Interventionen für jede Stufe vorschlagen, die nacheinander angewendet werden können, immer jedoch in der entsprechenden Stufe angewendet werden müssen.

Soziale Kontexte

Kontextfaktoren erkennen und nutzen: Motivation ist kein rein innerpsychischer Prozess, sondern entsteht immer in Interaktion zwischen den innerpsychischen Motiven und sozialen Kontexten, seien es zwischenmenschliche, seien es materielle Umweltfaktoren. So kann beispielsweise die Motivationssituation innerhalb der Gefängnismauern eine völlig andere sein als außerhalb, das Auftauchen oder Verschwinden von Freunden kann motivieren oder demotivieren, die Aussicht auf materiellen Gewinn kann ebenso beflügeln wie die Angst vor dem Verlust von Arbeit oder Wohnung. Diese uralte sozialarbeiterische Erkenntnis gilt es für die Motivationsförderung nutzbar zu machen. Dazu müssen die Kontextfaktoren sorgfältig erhoben und auf ihre motivierende Qualität geprüft werden.

Beziehungsgestaltung

Die Beziehung zwischen Klient und Sozialarbeiter zur Motivationsförderung nutzen: Ein besonderer „Kontext" ist die Beziehung zwischen dem Berater und seinem Klienten. Diese Beziehung gilt es so zu gestalten, dass sie hilfreich ist für das Ziel der Motivationsförderung. Die Problematik dabei liegt sicher im Zwangskontext begründet: Beide, Berater und Klient, haben sich einander nicht ausgesucht, für beide ist es ein „Zwang", miteinander arbeiten zu müssen. Umso mehr ist es die professionelle Pflicht des Beraters, alles zu tun, damit die Beziehung gelingt. Dazu hat Sachse (2006, 33) die erwähnte Dreiteilung in der Beziehungsgestaltung vorgeschlagen:

- Prinzipien der allgemeinen Beziehungsgestaltung,
- Prinzipien der komplementären Beziehungsgestaltung,
- Prinzipien der störungsspezifischen Beziehungsgestaltung.

Während die Prinzipien der allgemeinen Beziehungsgestaltung (Verstehen, Wärme, Akzeptanz) noch weitgehend im Bewusstsein von Praktikern zu finden sind, ist die komplementäre Beziehungsgestaltung – wenigstens in unserer Erfahrung – häufig unbekannt. Eine störungsspezifische bzw. symptomspezfische Gestaltung der Beziehung in Bezug auf Motivation ist beispielsweise die Motivierende Gesprächsführung, die allerdings im Lichte der komplementären Gesprächsführung, um die Bedürfnisse des Klienten ergänzt werden muss. Wir haben deshalb ausführlich die Möglichkeiten eines (situativ) konfrontativen Gesprächsführungselements erörtert und sind zu dem Schluss gekommen, dass diese Elemente nicht ausgeschlossen werden dürfen.

Teil B: Praxismanual Motivationsförderung in Zwangskontexten Sozialer Arbeit

Von Patrick Zobrist und Wolfgang Klug

Einführung

Manualisierung von Motivationsförderung

theoretische und methodische Komplexität

Die im ersten Teil dieses Buchs aufgezeigten theoretischen Grundlagen der Motivationsförderung machen deutlich, wie komplex das Konstrukt „Motivation“ zu verstehen ist und dass die beraterische Intervention zur Unterstützung von Veränderungsmotivation verschiedene Dynamiken (beispielsweise die Veränderungen der Motivationsstufen im Transtheoretischen Modell, → Kap. 3, und den Rubikon-Prozess, → Kap. 2.2.4) und Dimensionen (Selbstregulation, Emotion, Kognitionen, Handlungen, Reflexionen, soziale Interaktion, Beziehungsgestaltung etc.) berücksichtigen soll. Wie kann diese Komplexität angesichts der geforderten Professionalität im hektischen Arbeitsalltag bewältigt werden?

Manualisierung

Ein häufig gewählter Lösungsansatz in verschiedenen beruflichen Tätigkeitsbereichen ist es, die gewählte „Methode“ Schritt für Schritt zu zerlegen und die einzelnen Handlungen, ihre konkrete Abfolge und ihre Verknüpfungen genau zu beschreiben. Sie werden in Form von Handlungsanweisungen, Leitlinien, Checklisten etc. dargestellt und häufig mit Arbeitsmaterialien (Formulare, Merkblätter) ergänzt. Diese Vorgehensweise kann als „Manualisierung“ bezeichnet werden.

Bezogen auf komplexe Entscheidungsprozesse gelten manualisierte Vorgehensweisen als wirksamer als unstrukturierte Prozeduren (Dawes et al. 1989). Im medizinisch-psychologischen Feld werden häufig Behandlungsmanuale (*treatment manuals*) eingesetzt, in denen die zu therapierenden Störungen beschrieben und die Themen, Abläufe, Interventionen, didaktischen Hinweise oder konkrete Gesprächssequenzen (oder Beispieldialoge) vorgegeben werden. Die Standardisierung nimmt mit der höheren Detailgestaltung zu. Die Manuale sind meistens das Ergebnis von empirischen Wirkungsstudien zu spezifischen Störungsbildern und Interventionen oder wurden erst im Zusammenhang mit experimentellen Studien entworfen, um eine Vergleichbarkeit der Interventionen sicherzustellen (vgl. beispielsweise für die Soziale Arbeit die Manualisierung von motivierender Gesprächsführung und Case Management im Rahmen der deutschen Heroinstudie, Schmid et al. 2012).

Manuale in der Psychotherapie

In der Psychotherapie gelten manualisierte Behandlungen als wirksam; Abweichungen vom Manual führen zu schlechteren Ergebnissen als die nach dem Manual durchgeführten Therapien, wobei weitere Einflussbedingungen zu berücksichtigen sind (Eifert 2005). In der psychotherapeutischen (und v. a. kognitiv-verhaltenstherapeutischen) Praxis treffen sie auf hohe Akzeptanz, und die Praktiker vermögen nicht nur die Vorteile von Manualen, sondern auch deren Schwächen und Risiken zu erkennen (z. B. Döpfner et al. 2010). Allerdings werden standardisierte Manuale auch erheblich kritisiert (z. B. Deutschbein 2004).

Evidenzbasierung

Während sich die Diskussion über Vor- und Nachteile von Behandlungsmanualen im Feld der Psychotherapie auf eine Vielzahl von Praxismanualen und breite empirische Untersuchungen stützen kann, wird in der Sozialen Arbeit die Debatte um Manuale meistens in grundsätzlicher Form und häufig am Rande von Auseinandersetzungen um eine evidenzbasierte Praxis der Sozialen Arbeit geführt (stellvertretend: Sommerfeld / Hüttemann 2007). Auf diese Diskurse kann hier nicht eingegangen werden.

Ohne den Anspruch zu erheben, ein evidenzbasiertes Manual im vollen Sinne vorzulegen, hat einer der Autoren das Manual evaluiert. Im Rahmen eines Praxisversuches in einer JVA für Frauen wurden die Interventionen aus dem Manual an die feldspezifischen Anforderungen angepasst, durch psychosoziale Fachpersonen erprobt und danach qualitativ evaluiert (Fokusgruppe, Einzelfallstudien). Die Befunde zeigten eine hohe Gebrauchstauglichkeit („usability“) des Manuals. Die Interventionen konnten das theoriegeleitete, methodische Handeln unterstützen und bestehende Methoden ergänzen. Als wichtige Heuristik hat sich das Prinzip der stufengerechten Intervention herausgestellt (TTM-Stufen). Die Interventionen müssen flexibel eingesetzt werden können, um der Dynamik der Motivation in unterschiedlichen Themen Rechnung zu tragen. Als besonders relevant wurde die motivorientierte Beziehungsgestaltung erlebt und rekonstruiert. Der Praxisversuch hat die Bedeutung von Kontexten / strukturellen Rahmenbedingungen als Anreizfaktoren für motiviertes Handeln hervorgehoben und Grenzen der Motivation und Motivierbarkeit gerade bei psychisch belasteten Menschen gezeigt (Zobrist 2015).

Absicht des Manuals

Das vorliegende Praxismanual hat nicht den Anspruch, Interventionen, Techniken oder methodische Zugänge in linearer Form zu operationalisieren und dabei eine spezifische Wirksamkeit zu behaupten. Die empirische Basis von motivationsfördernden Methoden in der Sozialen Arbeit ist – abgesehen von den Studien zur motivierenden Gesprächsführung (Lundahl et al. 2010) – eher schmal, sodass von einer notwendigen „Evidenzbasierung“ (im Moment) keine Rede sein kann. Vielmehr ist es die Absicht des Manuals, die vielfältigen in der Literatur beschriebenen Interventionsmöglichkeiten zusammenzuführen. In diesem Sinne charakterisiert sich das Praxismanual nicht als eigentliches „Behandlungsmanual“, welches konkrete „Störungsbilder" definiert und Indikationen und Kontraindikationen benennt. Es versteht sich vielmehr als Methodenmanual, das allerdings (erstens) eine Konkretisierung und Operationalisierung vorschlägt und damit über allgemeine methodische „Haltungen" oder übergeordnete „Strategien" hinausgehen will und (zweitens) bezüglich ihrer Struktur und Chronologie im Aufbau und Ablauf der Interventionen die Komplexität der theoretischen Annahmen für den Praktiker im Alltag von Sozialer Arbeit in Zwangskontexten reduzieren und eben „praxistauglich" machen will.

Unterstützung

Das Manual versteht sich als Unterstützung, „Checkliste" und Handlungsanleitung. Die vorgeschlagenen Interventionen sollen keinesfalls in technokratischer Manier „abgearbeitet" werden. Die theoretischen Ausführungen haben deutlich gemacht, dass Motivation und Veränderung nicht linearen Logiken folgen. Vielmehr muss die Fachkraft die Motivationsdynamiken genau beobachten und die Anwendung der vorgeschlagenen Interventionen gezielt vornehmen.

Methodische Einbettung

Das Praxismanual ist nur ein Element eines sozialarbeiterischen Beratungs- und Interventionsprozesses und muss in einem überordneten Vorgehen – in Berücksichtigung der fachlichen, organisatorischen und kontextbezogenen Rahmenbedingungen – gezielt eingebettet werden.

Reflexive Anwendung

Die beschriebenen Interventionen und Reflexionen werden teilweise detailliert vorgestellt. In der praktischen Anwendung besteht die Gefahr, dass Interventionen durchgeführt werden, die gar nicht nötig sind (Wilson 1996). Das bedeutet, dass die Fachkraft, die das Manual gebraucht, sich jeweils bewusst überlegen muss, ob die vorliegende Intervention in der aktuellen Situation notwendig und funktional ist. Dies erfordert ein Wissen über motivationspsychologische Dynamiken und ihre Veränderungsmöglichkeiten, welches unabhängig vom Manual vorhanden und abrufbar sein muss. Eine „kopflose" oder theorieferne Durcharbeitung des Manuals liegt nicht in unserer Absicht. Diese Voraussetzung macht zudem klar, dass sich das Manual nicht primär an „Anfänger" richtet, sondern die vorgeschlagenen Interventionen die vielfältigen Erfahrungen und den breiten Methodenfundus von versierten Praktikern gezielt ergänzen können. Gleichzeitig ist das Manual nicht als methodisches „Schwedenbuffet" gedacht; die Interventionen bauen jeweils aufeinander auf und sollten nicht aus dem methodischen Zusammenhang gerissen werden.

Beteiligung der Klienten

Trotz Standardisierung und vorgeschlagenen Bearbeitungsschritten setzt das Manual auf die aktive Beteiligung der Klienten oder fordert diese geradezu heraus. Sie selbst sollen über ihre Situationen in angeleiteter Form reflektieren, und ihre eigenen Bestrebungen stehen geradezu im Fokus jeglicher Interventionen. Dies kann nicht in expertenhafter Weise geschehen, sondern erfordert eine tragende Beratungsbeziehung und das aktive Interesse für den subjektiven Sinn der Klienten, ihre Wünsche, ihre Bedürfnisse und ihr Wollen, aber auch ihre Spielräume, Zwänge und sozial normierten Handlungsgrenzen.

Mit dem Manual selbst kann der Klient nicht „motiviert" werden, vielmehr sollen die Interventionen beim Klienten die Motivationsprozesse in Gang setzen. Das Ziel des Manuals ist es, Klienten jeweils in die nächste Motivationsstufe zu begleiten und damit eine Veränderung zu unterstützen. Deshalb muss das Manual nicht vollständig „durchgearbeitet" werden.

Voraussetzungen

Außerdem kann das Manual grundlegende beraterische Kompetenzen wie beispielsweise eine motivierende Beziehungsgestaltung (→ Kap. 5.1.) oder methodisches Grundwissen in Zwangskontexten (Zobrist / Kähler 2017) sowie die professionelle Reflexion (Supervision, Intervision) nicht ersetzen. Es versteht sich nur als Hilfestellung für den Prozess der Motivationsförderung.

Kriminal- und sozialpolitische Rahmenbedingungen

Das Manual entbindet die Fachkraft nicht davon, ihre Beratungstätigkeit in den übergeordneten kriminal- und sozialpolitischen Rahmenbedingungen und innerhalb der organisatorisch-bürokratischen Strukturen kritisch zu reflektieren. Mit welchen sozialarbeitstheoretischen, ethischen und rechtlich-sozialpolitischen Begründungen und Legitimationen die Klienten „motiviert" werden sollen, bleibt in der Verantwortung der Fachkraft!

Strukturelle Faktoren beachten

Gerade weil Motivation einen individuellen, psychologischen Aspekt eines Menschen darstellt, besteht die Gefahr, Veränderungsprobleme ebenfalls zu individualisieren und dem Klienten vorschnell „Demotivation" zuzuschreiben. Im Manual wird darauf Wert gelegt, dass Motivation stets einen Kontextbezug hat und Veränderungshandlungen nicht unabhängig von strukturellen Faktoren, insbesondere auch sozialen und ökonomischen Ressourcen verstanden werden dürfen. Ein glaubwürdiger Motivationsprozess durch Soziale Arbeit unterstützt die Befähigung des Klienten, einen Veränderungsprozess anzugehen. Dies ist nicht nur eine psychologische Herausforderung, sondern hat meistens einen sozialen und strukturellen Bezug. Im sozialarbeiterischen Verständnis setzt damit die Motivationsförderung an der Schnittstelle von Individuum und Gesellschaft an.

Aufbau des Manuals

Bestandteile

Das Manual baut auf die theoretischen Grundlagen im ersten Teil des Buchs auf und gliedert sich in fünf Module (Modul A bis E). Diese wiederum bestehen aus insgesamt 15 Interventionen. Jede Intervention ist im Manual detailliert beschrieben. Die konkrete Anwendung wird durch Arbeitsblätter unterstützt, die in der täglichen Praxis als hilfreiche Materialien dienen sollen. Sie sind zur Vervielfältigung, Einbettung in Arbeitshefte etc. gedacht.

Struktur der Module

Die Struktur des Manuals orientiert sich an den Motivationsstufen des Transtheoretischen Modells (→ Kap. 3). Dieses führt die Fachkraft wie ein „roter Faden" durch den Motivierungsprozess. Das Durcharbeiten der Interventionen soll dazu führen, dass die Klienten dabei angeleitet und unterstützt werden, die verschiedenen Motivationsstufen durchlaufen zu können, und für einen Veränderungsprozess motiviert werden.

Reflexionsmodule

Jedes Modul schließt mit einer angeleiteten Reflexion für die Fachkraft ab.

Die Module im Überblick

Modul A – Orientierung: Das erste Modul soll beim Klienten und bei der Fachkraft Orientierung schaffen. Zu den Inhalten dieses Moduls gehören Interventionen, die die Auftrags- und Rollenklärung unterstützen und das soziale Umfeld des Klienten erkunden. Zudem ist es ein wichtiges Ziel dieses Moduls, eine Motivationsdiagnostik vorzunehmen.

Modul B – Klärung des Veränderungsthemas: Das zweite Modul versucht die „Problematisierung" eines Verhaltens (oder einer sozialen Situation) aus Sicht der Akteure, die den Zwangskontext konstituieren. Der Klient wird Schritt für Schritt beim Aufbau von Problemeinsicht unterstützt. Das Ziel des Moduls ist es, dass der Klient das von Dritten vorgegebene Veränderungsthema für sich als „Problem" anerkennen kann und sich ein subjektiver Veränderungsbedarf akzentuiert.

Modul C – Stärkung der Veränderungsbereitschaft: Im dritten Modul soll die Veränderungsbereitschaft des Klienten gestärkt werden. Dies geschieht durch die Klärung von übergeordneten Perspektiven, die Auseinandersetzungen mit eigenen Ambivalenzen und die Erarbeitung von Zuversicht und Selbstvertrauen, die Veränderung bewältigen zu können. Das Ziel dieses Moduls ist es, den Klienten über den Rubikon zu begleiten.

Modul D – Zielentwicklung und Planung: Das vierte Modul widmet sich der Entwicklung von realistischen Veränderungszielen. Zudem wird die

Umsetzung der Ziele geplant und die für die Realisierung notwendigen Ressourcen werden geklärt, aktiviert oder aufgebaut. Allfällige Hindernisse und Schwierigkeiten des Plans werden antizipiert. Als Ergebnis dieses Moduls resultiert ein für den Klienten subjektiv bedeutsamer Veränderungsplan.

Modul E – Monitoring: Das fünfte und letzte Modul konzentriert sich auf die Vorbereitung möglicher Schwierigkeiten bei der Aufrechterhaltung der Veränderung und auf die positive Verstärkung von Veränderungshandlungen. Ebenfalls wird versucht, das soziale Umfeld in das Veränderungsvorhaben einzubinden und den Umgang mit allfälligen „Rückfällen" vorzubereiten.

Fünf „Denkpausen" sollen sicherstellen, dass der Motivationsförderungsprozess durch die Fachperson selbstkritisch betrachtet wird. Die Reflexionen helfen der Fachperson, ihre Motivationsdiagnostik laufend zu überprüfen und den Gang der Veränderungen beim Klienten zu beobachten. Sie dienen auch zur Optimierung der professionellen Beziehungsgestaltung und sind dabei behilflich, die wesentlichen Motive und Bedürfnisse des Klienten gezielt zu adressieren. Im Rahmen der Reflexionen nach Abschluss eines Moduls kann überprüft werden, ob der Klient bereit ist, die Interventionen im darauffolgenden Modul durchzuarbeiten, oder ob weitere Vertiefungen in den vorangehenden Modulen angezeigt sind. Die Reflexion verhindert, dass die Fachkraft den Motivationsprozess zu schnell forciert und auf den Fortschritt und die Motivationsstufe des Klienten zu wenig Rücksicht nimmt.

Die Reflexionen im Überblick

Modul A – Orientierung: *Reflexion R-1: „Wo steht mein Klient?" – Veränderungsmotivation und motivorientierte Beziehungsstrategie.*
Diese Reflexion unterstützt die Motivationsdiagnostik und die Entwicklung einer motivorientierten Beziehungsgestaltung.

Modul B – Klärung des Veränderungsthemas: *Reflexion R-2: „Ist mein Klient problemeinsichtig?"*
Mit dieser Reflexion soll die Fachkraft angeregt werden, den Prozess der Problemeinsichtsförderung beim Klienten kritisch zu überprüfen und nochmals ihre Motivationsdiagnostik zu klären. Diese diagnostische Überprüfung wird in allen Reflexionen fortgeführt.

Modul C – Stärkung der Veränderungsbereitschaft: *Reflexion R-3: „Ist mein Klient bereit für Veränderungen?" – „Rubikon"-Check*
Die Reflexion soll sicherstellen, dass der Klient den Rubikon überschritten hat und sich tatsächlich verändern will, bevor konkrete Ziele erarbeitet und die Veränderung geplant werden.

Modul D – Zielentwicklung und Planung: Reflexion R-4: *„Ist mein Klient gut vorbereitet?"*
Die Fachkraft überprüft im Rahmen dieser Reflexion die erarbeiteten Ziele und die Planung und stellt infrage, ob die entwickelten Vorstellungen bezogen auf die Anforderungen des Zwangskontextes und die Situation im sozialen Netzwerk vereinbar und umsetzbar sind.

Modul E – Monitoring: Reflexion R-5: *Wie kann ich den Veränderungsprozess begleiten?*
Im Rahmen dieser Reflexion wird nun das Vorgehen der Fachkraft geplant und dafür gesorgt, dass die im Rahmen des Manuals entwickelte Motivation für eine Veränderung und ihre Umsetzung durch die Fachperson optimal begleitet werden kann. Dabei stellen sich auch Fragen, wie das soziale Netzwerk des Klienten eingebunden wird.

Die Zuordnung der Module zu den Motivationsstufen des Transtheoretischen Modells ist in → Abb. 4 dargestellt.

Anwendung der Module

Die Verbindung von Motivationsstufe und Modul macht die Bedeutung der Motivationsdiagnostik sichtbar: Die Fachkraft muss stets wissen, in welcher Motivationsstufe sich ihr Klient befindet um die jeweilige Indikation für das Modul (ggf. für die einzelne Intervention) abzuschätzen. Es ist nicht sinnvoll, den Modulablauf „abzukürzen". Auf die konkrete Situation des Klienten und seinen Motivationsstatus soll vielmehr Rücksicht genommen werden, indem die einzelnen Interventionen in den Modulen gezielt dahingehend eingesetzt werden, dass ihre Verarbeitungstiefe und das Verarbeitungstempo dem aktuellen Motivationsstand entspricht. Zeigt sich im Verlauf der Beratung und nach sorgfältiger Prüfung, dass eine bestimmte Intervention unnötig ist, weil das explizite Ziel der Intervention bereits erreicht wurde, so kann die Intervention „ausgelassen" werden. Die Stoßrichtung des Moduls sollte aber unbedingt weiterverfolgt werden.

	Absichtslosigkeit Stufe 1	Absichtsbildung Stufe 2	Vorbereitung Stufe 3	Handlungsstadium Stufe 4	Aufrechterhaltung Stufe 5
Module	A) Orientierung				
	B) Klärung des Veränderungsthemas				
		C) Stärkung der Veränderungsbereitschaft			
			D) Zielentwicklung und Planung		
				E) Monitoring	

Abb. 4: Zuordnung der Module zu den Motivationsstufen

Umsetzung des Manuals

Voraussetzungen

Anwendungsbereich Das Manual wurde für die besonderen Bedürfnisse der Sozialen Arbeit in Zwangskontexten entwickelt und will auf Probleme der Veränderungsmotivation bei Klienten eingehen. Die Erfordernisse von Zwangskontexten zeigen sich insbesondere in den beiden ersten Modulen A und B, die der Klärung der Kontextbedingungen eine große Bedeutung zumessen. Bestimmte Interventionen sind zwar auch in „freiwilligen" Beratungssettings anwendbar, die isolierte Verwendung der Interventionen ist aber nicht im Sinne des Manuals, welches einen kontinuierlichen Motivationsförderungsprozess (im Sinne des Transtheoretischen Modells) unterstützen will.

Voraussetzungen der Klienten

Die ersten Praxiserprobungen (Zobrist/Dietrich, 2012) haben gezeigt, dass das Manual besonders gut bei Klienten eingesetzt werden kann, die „beratungsfähig" sind, das heißt, kognitiv Fertigkeiten mitbringen, über ihr Verhalten und ihre Beweggründe nachzudenken und sich dazu im Rahmen eines Beratungsgespräches zu äußern. Akute psychopathologische Zustände erschweren eine Beratung im Generellen und werden auch die Anwendung des Praxismanuals behindern. Ebenfalls hat sich gezeigt, dass Klienten mit sprachlichen Schwierigkeiten den durch die Interventionen beabsichtigten Reflexionsprozessen nur ungenügend folgen können. Uns ist bewusst, dass gerade Menschen mit kognitiven Einschränkungen eine wichtige Zielgruppe für Soziale Arbeit in Zwangskontexten sind, z. B. sind Menschen mit geistiger Behinderung überdurchschnittlich vertreten bei Sexualdelikten (Lindsay 2009). Die Motivationsprobleme dieser Menschen sind kaum in der wissenschaftlichen Welt angekommen (so gehen z. B. Lindsay/Michie 2013 in ihrem Vorschlag für Behandlung von Straftätern mit „intellectual disabilities" erst gar nicht auf Motivationsprobleme ein), so dass wir an dieser Stelle noch keine guten, v. a. aber kaum überprüfte Motivationsmethoden vorlegen können. Wir können die Schwierigkeiten, die in der Anwendung unseres Manuals in der Arbeit mit geistig Behinderten entstehen, gut nachvollziehen und suchen weiter nach geeigneten Lösungen (Zobrist / Kähler 2017).

Voraussetzungen der Fachkräfte

Aus Sicht der Fachkraft bedingt die Anwendung des Manuals eine grundsätzliche Auseinandersetzung mit den Prämissen der Sozialen Arbeit in Zwangskontexten (Gehrmann / Müller 2010; Conen / Cecchin 2011; Klug 2012, Zobrist / Kähler 2017) und die vorherige ausführliche Beschäftigung mit den theoretischen Grundlagen der Motivationsförderung.

Praktische Hinweise

Erläuterungen für Klienten

Einführung des Manuals bei den Klienten: Für einige Klienten ist die Verwendung von Arbeitsblättern in Beratungsgesprächen (abgesehen von Hilfeplänen oder schriftlichen Vereinbarungen) eher ungewöhnlich. Sie müssen deshalb über den Sinn und Zweck der Materialien informiert werden.

Es ist wichtig, dass die Fachkräfte die Klienten darüber in Kenntnis setzen, dass in den nächsten Gesprächen ausschließlich an den Themen „Veränderungen" und „Motivation" gearbeitet werden soll. Ebenfalls ist es sinnvoll, mit den Klienten zu vereinbaren, wie vorgegangen werden soll, wenn „Krisen" auftauchen bzw. sich der Fokus der Gespräche von dem eigentlichen Anlass der Motivationsförderung wegbewegen sollte (was ungünstig ist).

Die einzelnen Gespräche sollten mit einer kurzen Einführung zu den Inhalten und Themen des Moduls und der Interventionen beginnen und kurz vor dem Abschluss mit einer Zusammenfassung des bisher Erarbeiteten enden. Ebenfalls ist ein Ausblick auf die nächste Besprechung vorzusehen, und es sind die weiteren Schritte bis dahin zu vereinbaren. Eine beispielsweise auf einem Flipchart notierte Agenda mit den jeweiligen Themen (Interventionen) ist von Vorteil und erleichtert die beidseitige Orientierung.

Anwendungsrhythmus

Zeitplanung: Zur Durcharbeitung der fünf Module mit ihren 15 Interventionen müssen zwischen fünf und zwölf Beratungsgespräche eingeplant werden. Dabei ist zu bedenken, dass es Klienten gibt, die möglicherweise nur die Stufe der Absichtsbildung erreichen und keinen weiteren Motivations- und Veränderungsschritt unternehmen können. Hier soll die Frage nach der weiteren Zielsetzung der Manualanwendung gestellt werden. Möglicherweise drängen sich andere Interventionen auf (z. B. Sicherung der Lebensgrundlagen), und / oder es sollte mit den weiteren motivationsfördernden Interventionen pausiert werden. Der Zeitaufwand für die Durchführung des Manuals bemisst sich nach der Komplexität des Themas und ist von verschiedenen Faktoren abhängig, z. B.:

- Klarheit des Auftrages und der Erwartungen,
- Aufbau einer subjektiven Problemeinsicht,
- Bildung von Willen zur Veränderung (über den Rubikon gehen),
- Ressourcensituation des Klienten,
- Kooperation und Beziehungsgestaltung,
- strukturierte Vorgehensweise der Fachkraft.

Es ist davon abzuraten, die Module aus Gründen der knappen Beratungszeit im „Intercity-Express-Tempo" durchzuarbeiten, weil nicht das Abhaken der Interventionen das Ziel ist, sondern beim Klienten ein Veränderungsprozess initiiert und begleitet werden soll, was durchaus mehrere intensive Beratungsgespräche, Reflexionen des Klienten und der Fachkraft sowie Leerzeiten und Stagnation implizieren kann. Die Praxis hat gezeigt, dass die Planung von mehreren, möglichst engmaschigen Terminen empfohlen werden kann, damit der Klient an seinem Veränderungsthema dran bleibt und die beraterische Beziehung gestärkt werden kann. Längere Zeitabstände zwischen den Beratungen sind eher ungünstig.

Verwendung der Arbeitsblätter: Jede Intervention wird durch Arbeitsblätter unterstützt. Sie sind nicht als „verborgene" Gedankenstütze für die Fachkraft gedacht, sondern sollen offen miteinander bearbeitet werden. Die bisherigen Erfahrungen haben gezeigt, dass die Zusammenstellung der Arbeitsblätter in einem Arbeitsheft, einer Mappe o. Ä. von Vorteil ist. Es bietet sich an, für den Klienten eine eigene Mappe zu erstellen, in der er die Arbeitsblätter für sich sammeln und mit nach Hause nehmen kann. Je ansprechender die Unterlagen gestaltet sind, desto attraktiver und verbindlicher wird es für den Klienten, die Arbeitsblätter zu benützen und in die Besprechung mitzubringen.

Unterstützung durch Arbeitsblätter

Die Klienten sollen – nach Möglichkeit und mit zunehmender Vertrautheit mit der Methode – die Blätter für sich selbst von Hand und in ihren eigenen Worten ausfüllen. Die Fachkraft führt parallel dazu die Dokumentation auf eigenen Blättern fort. Sie kann sich auch am Schluss des Gesprächs die Arbeitsblätter des Klienten für ihre eigenen Akten kopieren. Eine ideale Lösung ist die Vergrößerung der Arbeitsblätter auf DIN-A3-Größe, da dies das Ausfüllen erleichtert (Schriftgröße, Platz für Bemerkungen, Markierungen etc.). Zusätzlich bietet es sich an, die jeweiligen Arbeitsblätter der Module in verschiedenen Papierfarben auszuhändigen. Dies erleichtert die Orientierung und macht deutlich, wann eine bestimmte Motivationsstufe erreicht werden konnte. Das eigentliche Manual ist nicht für den Einsatz im Beratungsgespräch vorgesehen. Es dient der Fachkraft zur Vor- und Nachbereitung des Gesprächs. Die Arbeitsblätter für die Reflexion der Fachkraft sollen ebenfalls nicht direkt im Gespräch verwendet werden, sondern gehören zu den Akten der Fachkraft.

„Hausaufgaben": In bestimmten Situationen kann es sich anbieten, dass der Klient einem oder mehreren Punkten in einer Intervention gründlicher nachgeht, sich weitere Gedanken macht oder den Austausch mit einer Bezugsperson aus dem sozialen Netzwerk sucht. In diesen Fällen können die Fachkraft und der Klient vereinbaren, dass ein Arbeitsblatt als „Hausaufgabe" durchgearbeitet wird. In diesem Falle ist es besonders wichtig, dass sich die Fachkraft genügend Zeit nimmt, die Absicht der Intervention zu erläutern und einige Beispiele mit dem Klienten bespricht.

zwischen den Sitzungen

Einbezug von Bezugspersonen: Sofern es die organisatorischen und fachlichen Rahmenbedingungen der Trägerorganisation erlauben, wird den Fachkräften empfohlen, wichtige Akteure im sozialen Netzwerk des Klienten mit zu den Sitzungen einzuladen. Besonders zu Beginn der Interventio-

Personen aus dem sozialen Netzwerk

nen (in den Modulen A und B) und bei der Planung der Veränderung und ihrer Aufrechterhaltung (Module D und E) bietet es sich an, diejenigen Personen am Veränderungsprozess zu beteiligen, die einen wichtigen Einfluss auf den Klienten haben. Dies erhöht nicht nur die „soziale Verpflichtung“ des Veränderungsvorhabens, sondern ermöglicht es der Fachkraft, die systemischen Verbindungen des Themas „Motivation“ zu erkennen und sie bei ihren Interventionen zu berücksichtigen.

Strukturierung vs. Beziehung

Beziehungsgestaltung: Das Manual verfolgt eine transparente und strukturierte, zielorientierte Form der Interventionen. Dies bedeutet aber nicht, dass die Gespräche „technisch“ ablaufen sollen. Vielmehr muss betont werden, wie wichtig eine professionelle Beziehungsgestaltung ist, die ebenfalls motivierend auf den Veränderungsprozess einwirken kann (→ Kap. 5.1). Diese Beziehungsgestaltung verläuft parallel zu den Interventionen, die im Manual beschrieben werden. Die fünf Reflexionen für die Fachkraft, die jeweils nach Abschluss eines Moduls durchgeführt werden, fokussieren wiederholt auf die Form und Ausgestaltung der professionellen Beziehung und sollen die Fachkraft anregen, ihre Beziehungsstrategie jeweils den Bedürfnissen und Motiven der Klienten anzupassen.

Training und kollegiale Reflexion

Vorbereitung der Anwendung und kollegialer Austausch: Das Praxismanual benötigt bei den ersten Anwendungen etwas Übung. Umso wichtiger ist die gegenseitige kollegiale Unterstützung, weshalb empfohlen wird, die Umsetzung des Manuals im Rahmen einer Teamorganisation vorzusehen. Dies ermöglicht ein gemeinsames Lernen und Austauschen. Den Fachkräften werden gegenseitige Hospitationen, gemeinsame Vor- und Nachbesprechungen der Interventionen und der Austausch über diagnostische Einschätzungen nahegelegt. Zur Qualitätssicherung und Verbesserung der Reflexionsfähigkeit ist es zudem denkbar, einzelne Sitzungen – im Einverständnis des Klienten – auf Video aufzuzeichnen und kollegial nachzubesprechen. Es ist besonders wichtig, im Rahmen von kollegialer Beratung darauf zu achten, dass die Fachkräfte bei der Durchführung der Interventionen nicht für den Klienten handeln oder ihn „motivieren“ wollen, sondern ihre Methodik darauf ausrichten, dass der Klient bei sich selber einen Motivationsprozess anstoßen kann.

Im folgenden Teil werden die einzelnen Module und Interventionen vorgestellt. Nach kurzer Einführung der Inhalte und Themen folgen die Ausführungen zu den Zielsetzungen und der praktischen Umsetzung der Interventionen. Ebenfalls finden sich Querverweise zum Theorieteil und zu weiterführender Literatur.

Module und Interventionen

Modul A: Orientierung

Überblick: Das erste Modul des Programms versucht sowohl beim Klienten als auch bei der Fachkraft Orientierung zu schaffen. Einerseits sollen die bereits im Erstgespräch geklärten Aufträge, Rollen und Erwartungen nochmals vertieft betrachtet werden, andererseits geht es darum, das soziale Netzwerk und seine Funktion im Veränderungsprozess zu verstehen. Ausgehend vom Zwangskontext und der Gleichzeitigkeit (und Widersprüchlichkeit) von „Hilfe" und „Kontrolle" geht es darum, zu klären, welches Veränderungsthema im Kontext des Auftrages (z. B. Bewährungshilfe, Kinderschutz, gesetzliche Betreuung) und unter Berücksichtigung der verschiedenen Akteure (Auftraggeber, Klient, soziales Netzwerk des Klienten, Fachkraft etc.) in den Fokus genommen und damit „problematisiert" werden soll. Wo besteht ein Veränderungsbedarf?

Orientierung, Aufträge/Rollen

Meistens artikuliert der Klient seinen Veränderungsbedarf nicht selbst, sondern die Notwendigkeit der Veränderung wird ihm sozial zugeschrieben. Der Klient kann somit das „Problem" nicht „frei" wählen, sondern die Fachkraft wird – im gesetzten Rahmen – die Indikation festlegen. Gleichzeitig kann der Klient natürlich „Auftraggeber" sein, wenn er seinen Bedarf formuliert und die Fachkraft diesen unterstützenswert findet. Wichtig dabei ist, zwischen „Pflicht" und „Kür" zu unterscheiden: Gesellschaftlich vorgegebene Themen (z. B. Kindschutz) sind pflichtmäßig abzuarbeiten, ob der Klient dies wünscht oder nicht.

Motivationsdiagnostik

Im Modul A soll deshalb die Motivationslage des Klienten innerhalb des bestehenden Auftragskontexts erhoben werden. Die nachfolgende Motivationsarbeit wird sich auf diejenigen Themen (bzw. das Thema) konzentrieren, bei welchen „relevante Dritte" einen Veränderungsbedarf beim Klienten annehmen: das Veränderungsthema. Damit der nachfolgende Motivierungsprozess geplant werden kann, wird der Klient hinsichtlich des Veränderungsthemas in seiner Motivationsstufe eingeschätzt und soll sich mithilfe eines standardisierten Fragebogens selbst einschätzen. Weil die Motivierungsarbeit ohne die professionelle Beziehungsgestaltung zwischen der Fachkraft und dem Klienten undenkbar ist, gilt es im Modul A festzustellen, welche Grundbedürfnisse und Motive der Klient in der Interaktion und Beziehung mit der Fachkraft befriedigt. Diese erste (und vorläufige) Einschätzung dient dazu, eine motivorientierte Beziehungsstrategie zu entwickeln. Sie soll die inhaltlich-themenbezogenen Motivierungstechniken durch eine individuell zugeschnittene motivierende Beziehungsgestaltung ergänzen.

Indikation der Interventionen

Die Indikation der Interventionen dieses Moduls ist in → Tab. 1 dargestellt.

Tab 1. Indikation der Interventionen des Moduls A

Motivationsstufen	Interventionen
Alle Stufen	*Intervention 1*: „Wer will was von wem?" – Auftrags- und Rollenklärung *Intervention 2*: „Wer spielt hier ebenfalls eine Rolle?" – Netzwerkkarte *Intervention 3 (a/b)*: „Wo sehen andere bei mir ein Problem und was soll sich bei mir verändern?" und „Wofür bin ich motiviert?" *Fachkraft-Reflexion 1*: „Wo steht mein Klient?" – Motivationsstufe und motivorientierte Beziehungsgestaltung

Ziele des Moduls

- Die Auftrags- und Rollenkonstellation im Zwangskontext ist geklärt und transparent.
- Das soziale Netzwerk des Klienten und seine Funktion für den Veränderungsprozess sind erkannt.
- Der Veränderungsbedarf aus Sicht der verschiedenen Akteure ist dargestellt.
- Die Veränderungsmotivation des Klienten ist erhoben.
- Ein Veränderungsthema (auf was bezieht sich die Motivationsarbeit?) im Kontext von Hilfe und Kontrolle ist identifiziert.
- Die Fachkraft hat eine Reflexion zur Motivationsstufe des Klienten vorgenommen und eine erste Strategie für die motivorientierte Beziehungsgestaltung entwickelt.

Intervention 1: „Wer will was von wem?" – Auftrags- und Rollenklärung

Thema / Inhalt: Die Zuweisungskontexte und die Erwartungen der beteiligten Akteure definieren die Zusammenarbeit zwischen Klient und Sozialarbeiter in Zwangskontexten. Die Klärung der bestehenden Aufträge und Rollen ist die Grundlage der nachfolgenden motivationsfördernden Interventionen. Die Orientierung und die Klärungen der unverhandelbaren Rahmenbedingungen und der möglichen Spielräume sollen für Klient und Fachkraft Klarheit schaffen. Im Hintergrund dieser Intervention steht das Spannungsfeld von „Hilfe" und „Kontrolle".

TTM Stufe 1

Ziel der Intervention

Die Aufgaben, Aufträge, Rollen und Erwartungen sind gegenseitig geklärt.

Ablauf der Intervention: Mithilfe des Arbeitsblatts → AB 1 versucht die Fachkraft zusammen mit dem Klienten zu visualisieren, wie sich der aktuelle Zwangskontext konstituiert, welche gegenseitigen Erwartungen der Akteure von Bedeutung sind. Ebenfalls ist festzuhalten, was durch den Auftraggeber und die Fachkraft als „unveränderbar" definiert wird und welche Erwartungen erfüllt sein müssen, damit der Auftrag abgeschlossen werden kann. Auch sollten die Spielräume ausgelotet werden.

Klärung der Erwartungen

Die auftraggebende Instanz (z. B. Gericht, Jugendamt), die Fachkraft in ihrer Organisation und die Klienten stehen in einem wechselseitigen Verhältnis zueinander, welches durch klärende und erkundende Fragen der Fachkraft, aber auch durch eindeutige Informationen und Positionierungen aufgeklärt werden soll.

„Der Richter hat Sie wegen Fahrens in angetrunkenem Zustand verurteilt und die Strafe zur Bewährung ausgesetzt. Welche Erwartungen haben der Richter und damit die Gesellschaft an Sie? Was können Sie von der Gesellschaft erwarten?"

Im Rahmen dieses Klärungsprozesses sind Offenheit, Eindeutigkeit, Einschätzbarkeit und Transparenz sowie ein direktes Ansprechen von problematischen Inhalten oder von Themen, die dem Klienten unangenehm sind, besonders wichtig.

Ansprechen von unangenehmen Themen

„Wir werden uns darüber unterhalten müssen, welchen Stellenwert der Alkoholkonsum in Ihrem Leben hat. Ich könnte mir vorstellen, dass dieses Thema für Sie unangenehm ist und Sie mit mir lieber nicht darüber sprechen möchten. Wie denken Sie darüber?"

Umgang mit Informationen

Zur Verbesserung der Einschätzbarkeit der Fachkraft und damit zur Erhöhung der Kooperationsbereitschaft des Klienten soll deutlich gemacht werden, zu welchem Zeitpunkt und in welchen Situationen bestimmte Informationen an den Auftraggeber (oder weitere Akteure) weitergeleitet werden. Außerdem soll der Klient über die Datenschutzbestimmungen und über seine Rechte und Pflichten informiert werden.

„Grundsätzlich ist alles, was wir hier zusammen besprechen, vertraulich und untersteht der Schweigepflicht. Ich bin aber verpflichtet, …." „Wie ist Ihre Haltung dazu?"

„Co-Produktion"

Die Auftrags- und Rollenklärung erfolgt auch unter den Prämissen der „Co-Produktion": Die Vorstellungen von Auftraggeber und Fachkraft konstituieren die Zusammenarbeit genauso, wie es die Wahrnehmungen und Einstellungen des Klienten, seine Befürchtungen und Wünsche an die Fachkraft tun. „Klärung" bedeutet nicht, die Situation einseitig durch die Fachkraft zu definieren, sondern versteht sich als Bereitschaft der Fachkraft, auch die Anliegen des Klienten aufzunehmen und verstehen zu wollen (ohne sie uneingeschränkt zu akzeptieren). Die Vorstellungen des Klienten prägen den zu besprechenden Veränderungsprozess in erheblicher Weise. Ihre Ausprägungen zu verstehen, bildet die Voraussetzung dafür, den Klienten bei seiner Veränderungsmotivation zu unterstützen.

„Ich wurde als Ihr Bewährungshelfer bestellt, und Sie konnten weder die Bewährungshilfe noch mich als Bewährungshelfer auswählen. Dennoch erwartet der Richter, dass wir beide zusammenarbeiten. Was ist Ihnen für unsere Zusammenarbeit besonders wichtig?"

Selbstverständnis der Fachkraft

Eine glaubwürdige und damit wirksame Auftrags- und Rollenklärung der Fachkraft ist davon abhängig, ob sich die Fachkraft selbst über Aufträge und Rollen im Klaren ist. Diffuse Auftragsverhältnisse, unerfüllbare Erwartungen oder ein Zweifeln der Fachkraft am Sinn der Anordnung des Zwangskontextes können die Zusammenarbeit behindern. Ebenfalls hinderlich sind einseitige Auflösungen der Widersprüche von Hilfe und Kontrolle durch die Fachkraft. Dies kann beispielsweise dann der Fall sein, wenn die Fachkraft den Kontrollauftrag negiert. Diese Situation erfordert die Rückbesprechung mit dem Auftraggeber oder interne Fallbesprechungen / Supervision.

Konstruktive Auftragsklärung

„Meine Aufgabe als Bewährungshelfer ist es auf der einen Seite, Sie dabei zu unterstützen, nicht mehr straffällig zu werden. Für diesen Zweck werde ich mit Ihnen zusammen versuchen herauszufinden, in welchen besonderen Situationen Sie straffällig werden und welche persönlichen und sozialen Faktoren dabei eine Rolle spielen. Zu meiner Arbeit gehört es, mit Ihnen zusammen zu schauen, welches Verhalten Sie verändern können, damit Sie es schaffen, straffrei zu leben. Dazu gehört ebenfalls, dass ich Sie dabei unterstütze, Ihre sozialen Schwierigkeiten, die damit im Zusammenhang stehen, zu bewältigen und Ihnen bei ihrer Reintegration in die Gesellschaft behilflich zu sein. Auf der anderen Seite hat mich das Gericht auch beauftragt, die Einhaltung der Bewährungsauflagen zu kontrollieren. Hier muss ich dem Richter berichten, wenn … Wie sehen Sie diese beiden Aufträge, die ich mit Ihnen zusammen umsetzen soll? Was bedeuten ‚Hilfe' und ‚Kontrolle' für Sie?"

Hilfreiche Fragen für die Auftrags- und Rollenklärung (→ AB 1):

- Weshalb sitzen wir zusammen?
- Wer hat welche Aufgaben?
- Wer hat welche Erwartungen an wen?
- Wie sollen wir zusammenarbeiten? – Wer entscheidet über was?
- Was sollte nicht passieren?
- Unter welchen Voraussetzungen kann die Zusammenarbeit beendet werden?

Weitere Fragen:

- Was hat den Richter bewogen, eine gesetzliche Betreuung anzuordnen?
- Welches Bild hat der Richter von Ihnen?
- Woran wird das Gericht merken, dass eine Veränderung geschieht?
- Woran würde der Richter merken, dass wir nicht an seinem Auftrag arbeiten? (Conen 2011; Zobrist / Kähler 2017)
-

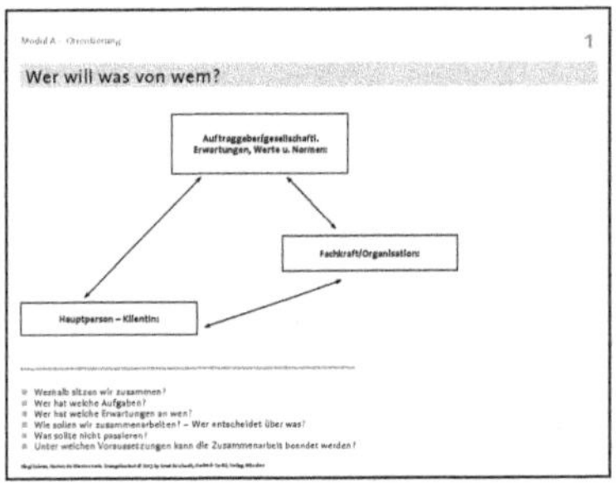

AB 1: „Wer will was von wem?"

⇨ 1.1 Ausgangskonstellationen im Zwangskontext
⇨ 1.3 Motivation und das „Doppelte Mandat"
⇨ 4. Werte und Ziele: Motivation wozu?

!

In der Regel wird die Auftrags- und Rollenklärung anlässlich der ersten Gespräche vorgenommen. Bei in dieser Phase als „unmotiviert" eingeschätzten Klienten ist es ratsam, diese Intervention gründlich zu wiederholen. Im weiteren Motivierungsprozess kann es angezeigt sein, auf die Auftrags- und Rollenklärung zurückzukommen, beispielsweise dann, wenn die Fachkraft feststellt, dass Unklarheiten über den bestehenden Zwangskontext die Veränderungen beim Klienten behindern.

Intervention 2: „Wer spielt hier ebenfalls eine Rolle?" – Netzwerkkarte

TTM Stufe 1

Thema/Inhalt: Die in der Intervention 1 vorgenommene Auftrags- und Rollenklärung, welche das „Dreieck" zwischen Auftraggeber, Klient und Fachkraft ausloten soll, kann um eine weitere Perspektive erweitert werden: Zum einen wissen wir, welche entscheidende Rolle das soziale Umfeld bei der Entstehung von Motivation spielt, zum anderen können wir davon ausgehen, dass nicht nur die rechtlichen Vorgaben den Klienten zur Kontaktnahme mit Sozialen Diensten verpflichten, sondern auch informeller Druck im sozialen Netzwerk eine wichtige Rolle für Veränderungsprozesse spielt. Insofern ist es wichtig, mehr über die Beschaffenheit des Netzwerks, die jeweiligen Verbindungen untereinander und die allfälligen Erwartungen der Akteure gegenüber dem Klienten (und in Bezug zum Veränderungsthema) zu erfahren. Mit der Netzwerkkarte können bereits zu Beginn des Prozesses zentrale Bezugspersonen und soziale Ressourcen sowie ihre Funktionalität im Veränderungsprozess identifiziert werden.

Ziel der Intervention

Die Akteure im sozialen Netzwerk des Klienten, ihre Beziehungen zum Klienten sowie untereinander und ihre Funktionalität im Veränderungsprozess sind erkannt. Erste soziale Ressourcen sind identifiziert.

Netzwerkkarte

Ablauf der Intervention: Zur Einleitung dieser Intervention muss der Klient über den Zweck der Netzwerkkarte (→ AB 2) informiert werden! Die Netzwerkkarte stellt die wichtigen Lebensbereiche des Klienten und die mit ihm verbundenen Bezugssysteme grafisch in vier Feldern dar:

- **Familie / Freunde:** Eltern, Kinder, Geschwister, weitere Verwandte, Lebenspartner, enge Freunde etc.,
- **Bekannte / Freizeit / Nachbarschaft:** Bekanntschaften (die nicht zum Familien- / Freundeskreis oder zur Tagesgestaltung gehören),
- **Helfer / Organisationen / Behörden:** professionelle Helfer, Ärzte, Anwälte, Therapeuten, Wohlfahrtsverbände, wichtige Amtsstellen (z. B. Job-Center),
- **Bildung / Arbeit / Tagesgestaltung:** Kollegen, Vorgesetzte, Kursleiter etc. in Aus- und Weiterbildung, Erwerbsarbeit sowie weiteren Tagesstrukturen.

Vorgehen

Zunächst werden die Akteure erfragt und durch Signaturen im jeweiligen Lebensbereich eingezeichnet (Männer: Quadrat; Frauen: Kreis). Die (grafische) Entfernung des Akteurs zum Klienten in der Mitte dokumentiert die subjektive Nähe / Distanz. Wichtige Beziehungen können mit einem dicken Strich verbunden werden, konflikthafte Beziehungen können wellenförmig markiert werden, unterbrochene (aber wichtige) Beziehungen werden gestrichelt markiert. Die subjektive Einschätzung des Klienten zur Bedeutung der jeweiligen Beziehung ist dabei maßgeblich, nicht die Einschätzung der Fachkraft.

In einem zweiten Schritt werden die Beziehungen der Akteure untereinander untersucht. Derjenige Akteur mit den meisten Beziehungen im Netzwerk des Klienten kann als „VIP“ bezeichnet werden. Wichtige Akteure sind zudem solche mit Beziehungen, die verschiedene Lebensbereiche verbinden.

In einer dritten Phase soll die Funktionalität der Akteure für den Veränderungsprozess herausgearbeitet werden. Welche Akteure beeinflussen den Klienten bezüglich seines Veränderungsthemas? Welche Akteure wirken funktional?

Leitfragen zur Erstellung der Netzwerkkarte

- Welche Menschen sind für Sie wichtig? Wie nahe / wie weit stehen diese Personen von Ihnen?
- Wer kennt wen? Welche Person hat eine zentrale Funktion in Ihrem Netzwerk („VIP“)?
- Wer hat besondere Erwartungen an Sie? Wie sieht das Ihrerseits aus?

Anwendung

- Die Netzwerkkarte kann zeigen, dass der Onkel des Klienten die wichtigste Person im Netzwerk ist und er zudem mit weiteren Akteuren im Netzwerk des Klienten enge Beziehungen führt. Der Onkel kann als wichtige Ressourcenperson genützt werden (sog. „VIP", Herwig-Lempp 2012). Veränderungen in diesem System werden vermutlich einfacher möglich sein, wenn der Onkel in den Veränderungsprozess einbezogen wird.
- Im Rahmen der Netzwerkanalyse kann festgestellt werden, dass die Freundin des Klienten eine problemerhaltende Einstellung verstärkt („Arbeitsintegrationsprogramme bringen gar nichts."), unrealistische Ziele unterstützt („Unter 2.000 Euro Lohn würde ich gar nicht arbeiten gehen.") oder aber eine Lösung mittragen kann („Ich finde sehr gut, dass du wieder Bewerbungen schreibst"). In solchen Situationen bieten sich klärende Interventionen an (Interventionen 5 oder 6), bei denen es darum geht, dass der Klient eine mögliche Dysfunktionalität seiner Netzwerkkontakte erkennen und für sich Schlüsse ziehen kann.
- Es zeigt sich, dass ein Arbeitskollege des Klienten einen Psychiater kennt, bei dem er selbst früher schon war und den er als kompetent einschätzt. Dies könnte die Aufnahme einer psychiatrischen Behandlung erleichtern.

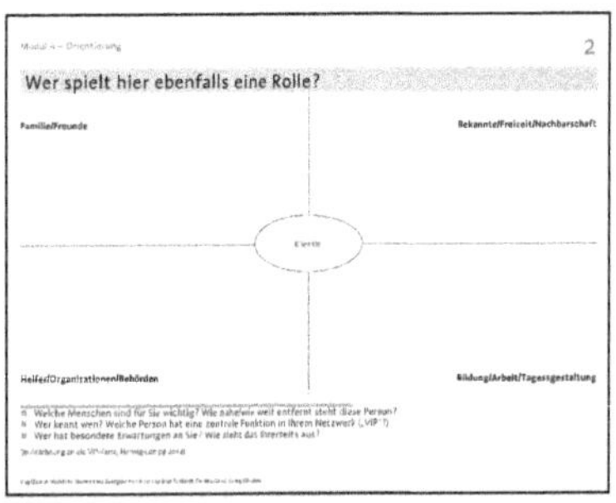

AB 2: „Wer spielt hier ebenfalls eine Rolle?" – Netzwerkkarte

⇨ 2.2.3 Einfluss von sozialen Interaktionen und Kontakten
⇨ 3.3.1 Klärungsorientierte Veränderungsstrategien

Die Netzwerkkarte kann als Grundlage für weitere Interventionen dienen (z.B. im Rahmen der Problemeinsichtsförderung oder der Vorbereitung/Ressourcenerschließung). Aufgrund der Ergebnisse der Netzwerkanalyse kann gemeinsam mit dem Klienten entschieden werden, welche Personen an den nächsten Gesprächen ebenfalls teilnehmen sollen. Dieser Einbezug des sozialen Umfeldes verhindert eine zu individualistische Herangehensweise der Förderung von Veränderungsmotivation und schärft den Blick der Fachkraft für die Funktionalität der sozialen Netzwerke.

Intervention 3 (a/b): „Wo sehen andere bei mir Probleme und was soll sich bei mir verändern?“ und „Wofür bin ich motiviert?“

TTM Stufe 1

Thema/Inhalt: Zwangskontexte sind meistens dadurch charakterisiert, dass unterschiedliche Vorstellungen zwischen den beteiligten Akteuren bestehen, an welchen Themen gearbeitet und welche Probleme gelöst werden sollen, sowie welche Ziele von Bedeutung sind.

Im Zwangskontext werden die Problemdefinitionen, Beratungsthemen und übergeordnete Ziele der Beratungsarbeit von den Auftraggebern und weiteren Akteuren mitbestimmt. Die Absicht der Motivationsförderungsintervention ist, auch die von „außen“ kommenden Veränderungsprozesse bei Problemen zu unterstützen, bei denen der Klient wenig oder gar nicht motiviert ist. Daher gilt es, in der Intervention „Wo sehen andere bei mir Probleme, und was soll sich verändern?“ zunächst ein zentrales Veränderungsthema zu identifizieren. Anschließend soll eine Motivationsdiagnostik als Basis für die Indikation versucht werden. Die Intervention besteht also aus drei Schritten:

1. Problemdefinition und Veränderungsbedarf aus der Perspektive der Akteure: „Wo sehen andere bei mir Probleme und was soll sich bei mir verändern?“ (→ AB 3a)
2. Einschätzung der Motivation des Klienten: „Wofür bin ich motiviert?“ (→ AB 3b)
3. Selbsteinschätzung der Motivationsstufe durch den Klienten (→ Fragebogen Veränderungsstadien VSS)

Ziel der Intervention

Die verschiedenen Problemdefinitionen der Akteure und die Motivationslage (Motivationsstufe) des Klienten werden zusammengefasst dargestellt, und es kann ein Veränderungsthema definiert werden, welches dem Auftrag des Zwangskontextes entspricht und durch gezielte motivierende Interventionen unterstützt werden kann.

Ablauf der Intervention

Sicht der auftraggebenden Instanz

Teil a) „Wo sehen andere bei mir Probleme, und was soll sich bei mir verändern?“: Zunächst werden die Problemdefinitionen (IST) und der Veränderungsbedarf (SOLL) aus Sicht der auftraggebenden Instanz rekapituliert und die Probleme und Veränderungsziele möglichst konkret benannt.

Sicht des sozialen Netzwerks

Nach der auftraggebenden Instanz sollen die Sichtweisen des sozialen Netzwerks erfasst werden.

„Welche Probleme sieht Ihr Onkel? Was soll sich aus seiner Sicht verändern?“ „Was denkt Ihre Freundin über den Kokainkonsum? Was stellt sie sich vor, was sich bei Ihnen ändern muss?“

Sicht der Fachkraft

Auch die Fachkraft soll ihre Expertenperspektive zum Problem des Klienten einbringen und dadurch für den Klienten einschätzbar werden.

„Ich finde es ein Problem, dass Sie ihre Tochter schlagen, weil ich denke, dass dies nicht gut für ihre Entwicklung ist. Ich habe den Eindruck, dass bei Ihnen durch die angespannte finanzielle Situation ziemlich viel Stress zusammenkommt. Meines Erachtens ginge es darum, dass Sie ihre Finanzen in den Griff kriegen und weitergehende Unterstützungen erhalten sollten. Zudem scheint es mir wichtig zu sein, dass Sie lernen, wie Sie in Stresssituationen mit Ihrer Tochter umgehen können, ohne dass Sie sie zu schlagen brauchen.“

Veränderungsthema

Im Anschluss an die Aufnahme von verschiedenen Problem- und Zielzuschreibungen des Auftraggebers, des sozialen Umfeldes und der Fachkraft soll die Fachkraft – im Sinne einer Essenz – das „Veränderungsthema“ definieren. Genau dieser Moment unterscheidet „freiwillige“ Beratungssettings der Sozialen Arbeit von Zwangskontexten. Es ist die Aufgabe der Fachkraft – unter Berücksichtigung des Auftrags –, einen Veränderungsbedarf zu benennen. Zu diesem Veränderungsthema soll der Klient motiviert und unterstützt werden. Es bezeichnet die Themenfokussierung, die in den nächsten Besprechungen umgesetzt wird. Weil sich die Veränderungsmotivation stets auf bestimmte Lebensbereiche, Themen und konkrete Problemstellungen beschränkt und „Motivation“ (oder fehlende Motivation) keinesfalls generalisiert werden darf, ist es für die weiteren Interventionen von großer Wichtigkeit, dass sich die Fachkraft auf eine Problemstellung und ein zentrales Veränderungsthema konzentriert.

grobe Motivationslage des Klienten

Teil b) „Wofür bin ich motiviert?“: In einem zweiten Schritt folgt – in Weiterführung der diskutierten Themen in der Intervention 1 und im → AB 3a – die Sondierung der groben Motivationslage des Klienten mithilfe von → AB 3b: „Wofür bin ICH motiviert?“ Dabei wird unterschieden zwischen der Veränderungsbereitschaft (ich will / ich will nicht) und der Veränderungskompetenz (ich kann / ich kann nicht; nach Fuller / Taylor 2012):

- *Ich kann, aber ich will nicht:* Diese Motivlage deutet darauf hin, dass zur Förderung der Veränderungsmotivation an der Problemeinsicht und der Zielentwicklung gearbeitet werden sollte (Förderung der Veränderungsbereitschaft).
- *Ich kann nicht und will nicht:* Neben der Förderung der Veränderungsbereitschaft gibt dieses Feld den Hinweis darauf, dass der Kompetenzentwicklung und Ressourcenaktivierung für das Veränderungsthema Aufmerksamkeit geschenkt werden muss.
- *Ich will, aber kann nicht:* Hier stellen sich weniger Fragen zur Veränderungsbereitschaft als vielmehr zur Ressourcenlage des Klienten, seinen Kompetenzen und der notwendigen Unterstützung bei der Umsetzung seiner Veränderungen.
- *Ich will, ich kann, ich werde:* Es ist denkbar, dass die bis zu diesem Zeitpunkt vorgenommenen Klärungsprozesse zur Erhöhung der Veränderungsbereitschaft geführt haben und die notwendigen Kompetenzen und Ressourcen vorhanden sind. In diesem Falle sind möglichweise bereits Interventionen indiziert, welche die Umsetzung unterstützen (→ Module D und E).

Achtung: Keine Motivlage darf zur Schlussfolgerung verleiten, dass das (gesellschaftlich vorgegebene) Veränderungsthema mangels Motivation des Klienten nicht bearbeitet werden kann und an dieser Stelle die Zusammenarbeit beendet werden soll. Vielmehr geht es bei Intervention 3b darum, die Motivlage des Klienten genauer zu verstehen und besser einschätzen zu können, welche motivationsfördernden Schritte angezeigt sind.

Selbsteinschätzung TTM

Teil c) Selbsteinschätzung der Motivationsstufe durch Klienten: Die Einschätzung der Motivationslage des Klienten soll durch eine weitere Selbstbeurteilung vertieft werden. Es geht darum, festzustellen, auf welcher Motivationsstufe des Transtheoretischen Modells (TTM) sich der Klient – bezogen auf das vorher festgelegte Veränderungsthema – selbst einschätzt:

- Absichtslosigkeit: keine Absicht, das Verhalten zu ändern; keine Problemeinsicht.
- Absichtsbildung: Verhaltensänderung wird erwogen, erste Ziele sind vorhanden, es bestehen jedoch Ambivalenzen zwischen Stabilisierung und Veränderung.
- Vorbereitung: Erste Schritte werden eingeleitet, Ressourcen mobilisiert.

- Handlungsstadium: Das neue Verhalten wird umgesetzt.
- Aufrechterhaltung: Verhalten wird beibehalten und zunehmend stabilisiert. Es besteht jedoch die Gefahr von „Rückfällen" oder sie treten bereits punktuell auf.

Fragebogen VSS

Der Klient wird im Anschluss an das Gespräch gebeten, den Fragenbogen zur Veränderungsmotivation auszufüllen. Es handelt sich hierbei um eine Kurzversion des Fragebogens „Veränderungsstadien" (Veränderungsstadienskala [VSS], Heidenreich 2000). Der Fragebogen stammt aus dem *Elektronischen Handbuch zu Erhebungsinstrumenten im Suchtbereich (EHES)* und ist auf Anfrage beim Autor erhältlich: Thomas.Heidenreich@hs-esslingen.de. Beim Fragebogen VSS handelt es sich um die deutschsprachige Fassung des *University of Rhode Island Change Assessment Scale (URICA)*. Mit jeweils acht Items werden die Dimensionen *Precontemplation*, *Contemplation*, *Action* und *Maintenance* erfasst. Der Klient soll zu jeder Aussage, die sich auf ein jeweiliges Stadium bezieht, eine eindeutige Einschätzung seiner Zustimmung in den folgenden Ausprägungen ankreuzen:

1. überhaupt nicht zutreffend
2. ein wenig zutreffend
3. ziemlich zutreffend
4. stark zutreffend
5. sehr stark zutreffend

Die jeweilige Zustimmung ergibt den entsprechenden Punkt der Ausprägung (z. B. „ziemlich stark zutreffend": 3 Punkte). Die Punkte auf den vier Subskalen Absichtslosigkeit, Absichtsbildung, Vorbereitung / Handlung sowie Aufrechterhaltung werden separat zusammengezählt. Die Subskala mit der höchsten Punktzahl charakterisiert das Veränderungsstadium.

Hinweis: Der Fragebogen darf durch den Klienten erst ausgefüllt werden, wenn das zentrale Veränderungsthema identifiziert wurde. Die Fragen beziehen sich immer auf ein konkretes Thema (z. B. „meine Tochter schlagen"). Wenn der Klient den Fragebogen auf dem Hintergrund verschiedener Problemstellungen und Themen ausfüllt, sind die Ergebnisse nicht verwertbar.

Der Fragebogen soll der Fachkraft weitere Hinweise zur Einschätzung der Motivation ermöglichen. Es wäre jedoch falsch, die Diagnostik ausschließlich auf den Fragebogen zu stützen.

⇒ 3 Motivation ist veränderbar: Das Transtheoretische Modell (TTM), besonders: 3.3.1 Klärungsorientierte Veränderungsstrategien

⇒ 5.2 Konfrontative versus Motivierende Gesprächführung

⇒ 5.3 Widerstand

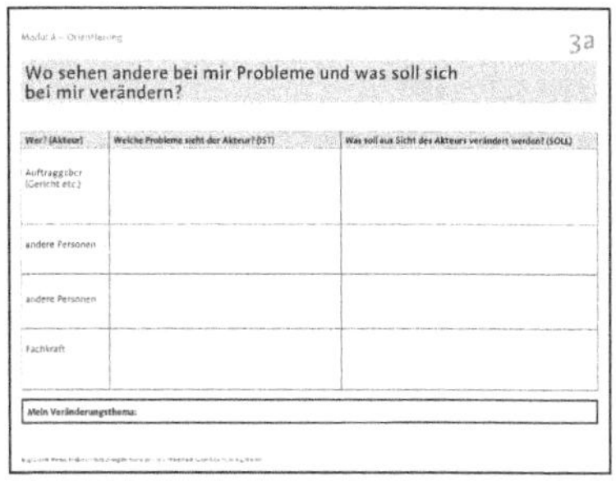

3a

Wo sehen andere bei mir Probleme und was soll sich bei mir verändern?

Wer? (Akteur)	Welche Probleme sieht der Akteur? (IST)	Was soll aus Sicht des Akteurs verändert werden? (SOLL)
Auftraggeber (Gericht etc.)		
andere Personen		
andere Personen		
Fachkraft		

Mein Veränderungsthema:

AB 3a: „Wo sehen andere bei mir Probleme und was soll sich bei mir verändern?"

3b

Wofür bin ich motiviert?

Ich kann, aber ich will nicht	Ich will, ich kann, ich werde
Ich kann nicht und will nicht	**Ich will, aber kann nicht**

➔ Zusätzlich standardisierten Fragebogen ausfüllen (Selbsteinschätzung)

AB 3b: „Wofür bin ich motiviert?"

!

Bei Klienten, die sich in der Stufe der „Absichtslosigkeit" befinden, muss damit gerechnet werden, dass sie auf einen konfrontativen Gesprächsstil der Fachkraft eher mit Widerstand reagieren und eine Motivationsdiagnostik erschwert wird. Im ersten Modul A geht es weniger darum, mögliche dysfunktionale Einstellungen zum Problem (z.B. „ Meine Freundin ist schuld.") bereits kritisch zu hinterfragen, sondern vielmehr darum, im Sinne einer „Situationsanalyse" den Klienten besser verstehen zu lernen.
Bei der Intervention 3 muss die Fachkraft darauf achten, dass sie sich offen, erkundend und interessiert der Motivationslage des Klienten zuwendet. Es ist denkbar, dass der Klient bei der Gegenüberstellung der verschiedenen Perspektiven, Positionen und gegenseitigen Erwartungen eine innere Dissonanz zwischen IST und SOLL wahrnehmen kann. Diese Feststellung kann bereits eine Änderungstendenz unterstützen. Eine allzu konfrontative oder gar rechthaberische Vorgehensweise der Fachkraft kann diese konstruktiven Prozesse ungewollt unterbinden.

Fachkraft-Reflexion 1: „Wo steht mein Klient?" – Motivationsstufe und motivorientierte Beziehungsgestaltung

Thema / Inhalt: Zum Abschluss des Moduls A *Orientierung* soll die Fachkraft – in Abwesenheit des Klienten – eine Reflexion (→ AB R-1) vornehmen, die durch zwei Hauptfragen geleitet ist:

1. Wo steht der Klient im Veränderungsprozess? Welche Motivationsstufe hat er im zentralen Veränderungsthema erreicht?
2. Wie gehe ich in der direkten Interaktion mit seinen Plänen / Motiven (und den psychischen Grundbedürfnissen) um? Wie soll ich die Beziehung gestalten? Welche motivorientierten Beziehungsgestaltungsstrategien bieten sich an?

Ziel: Strukturierung des Motivierungsprozesses

Beide Reflexionsfragen sollen die Fachkraft dazu anregen, den nachfolgenden Motivierungsprozess methodisch zu strukturieren, die Interventionen den Motivationsstufen anzupassen und eine motivorientierte Beziehungsstrategie zu entwickeln.

Eine stufengerechte Motivierungsarbeit beachtet die Motivationslage des Klienten und unterstützt ihn dabei, in die nächste Stufe überzugehen. Die komplementäre oder motivorientierte Beziehungsgestaltung ermöglicht es der Fachkraft, mit dem Klienten in Beziehung zu treten, damit an „schwierigen“ Themen gearbeitet werden kann.

Ziel der Reflexion

Es ist geklärt, in welcher Stufe sich der Klient im Motivations- und Veränderungsprozess beim herausgearbeiteten „Veränderungsthema“ befindet. Zudem ist umrissen, welche motivorientierte Strategie die Fachkraft wählen soll.

Ablauf der Reflexion: Diese Reflexion besteht aus zwei Teilen:

Einschätzung Motivationsstufe

1. Einschätzung der Motivationsstufe des Klienten beim zentralen Veränderungsthema: Die Fachkraft reflektiert ihre Beobachtungen: Welche Verhaltensweisen – bezogen auf das Veränderungsthema – deuten auf welche Motivationsstufe hin? Die Fachkraft zieht ebenfalls die Ergebnisse des Fragebogens des Klienten zurate und versucht, diese Befunde in ihre Einschätzung zu integrieren.

Der Klient meint, dass er unschuldig verurteilt worden und die Bewährungshilfe deshalb gar nicht nötig sei. Diese Äußerung deutet auf die Stufe der Absichtslosigkeit hin.

Beziehungsgestaltung

2. Analyse der Interaktion und Entwicklung einer motivorientierten Beziehungsgestaltung:

Die Fachkraft notiert sich zunächst das beobachtete Beziehungsverhalten des Klienten in der Interaktion mit ihr. Danach überlegt sie sich (im Sinne einer ersten Annahme), welche Pläne / Motive hinter diesen Verhaltensweisen stehen könnten. Daraus folgert die Fachkraft, welche Pläne / Motive sie in der Interaktion mit dem Klienten befriedigen muss. Als weitere Überlegung versucht die Fachkraft herauszuarbeiten, welche psychischen Grundbedürfnisse durch diese Pläne / Motive befriedigt werden (Orientierung / Kontrolle, Selbstwertschutz / -erhöhung, Bindung, Luststreben / Unlustvermeidung). Die motivorientierten Strategien ergänzt sie mit Interaktionsstrategien, die bezeichnen, welche problematischen Interaktionen mit dem Klienten begrenzt oder ignoriert werden sollen (Caspar 2008; Stucki / Grawe 2007).

Der Klient – ehemaliger Freiberufler und jetzt mit 100.000 Euro verschuldet – betont im Gespräch mit der Fachkraft wiederholt seinen früheren geschäftlichen Erfolg (Verhaltensebene). Dahinter könnte der Plan stehen: „Sorge dafür, dass dich der Sozialarbeiter als kompetent einschätzt." Dieser Plan könnte zur Befriedigung seines Selbstwertbedürfnisses funktional sein. Die Fachkraft entwickelt die folgende motivorientierte Beziehungsstrategie:

- Betone die Kompetenz des Klienten.
- Stärke seinen Selbstwert.
- Weise auf die Wichtigkeit hin, seine Verschuldung zu besprechen.

⇨ 2.2.1 Die Dynamik der Entstehung von Motivation
⇨ 3 Motivation ist veränderbar: Das Transtheoretische Modell (TTM)
⇨ 5.1.4 Grundzüge der komplementären oder motivorientierten Beziehungsgestaltung

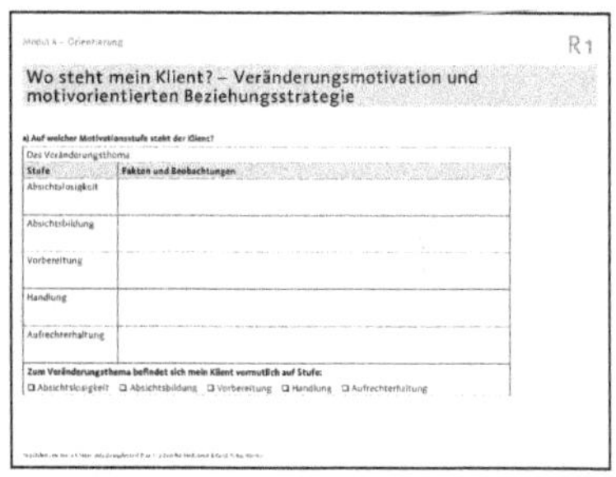
R1

Wo steht mein Klient? – Veränderungsmotivation und motivorientierten Beziehungsstrategie

AB R-1: „Wo steht mein Klient?" Einschätzung Veränderungsmotivation und Entwicklung einer motivorientierten Beziehungsstrategie"

Sowohl die Erkundung der Motivationsstufe als auch die Entwicklung einer motivorientierten Strategie haben vorläufigen Charakter. Die dabei entwickelten Annahmen und Strategien müssen kontinuierlich überprüft, in reflektierender Weise umgesetzt und ggf. modifiziert werden („trial-and-error"-Verfahren). Sowohl die Motivationsstufen als auch die Motivorientierung in der Beziehungsgestaltung haben eine heuristische Funktion und leiten die Fachkraft dabei, ihre Interventionen zur Motivationsförderung indiziert und reflektiert umzusetzen.

Modul B: Klärung des Veränderungsthemas

fehlende Problemeinsicht

Überblick: Das zweite Modul behandelt eine zentrale Herausforderung für die Fachkräfte in Zwangskontexten: die häufig beobachtete fehlende Problemeinsicht der Klienten. Diese charakterisiert die Motivationsstufe der Absichtslosigkeit oder markiert – in „fortgeschrittener" Form – die Stufe der Absichtsbildung, die von Zweifeln und Ambivalenzen geprägt ist. Das Modul B versucht zunächst, eine Problemeinsicht zu erarbeiten, während im nachfolgenden Modul C, „Stärkung der Veränderungsbereitschaft", an den Ambivalenzen der Stufe „Absichtsbildung" gearbeitet wird.

Funktion der Problemeinsicht

Die Klärung des Veränderungsthemas soll eine funktionale Problemeinsicht und Verantwortungsübernahme des Klienten bewirken. Beides bildet die Basis für die Entwicklung von Zielen, weil solche nur im Zusammenhang mit einer subjektiv festgestellten IST-SOLL-Abweichung sinnvoll sind: Weshalb sollte sich ein Mensch verändern, wenn er „kein Problem" hat?

Ursachen der fehlenden Problemeinsicht

Eine fehlende Problemeinsicht kann viele Gründe haben: So ist es denkbar, dass ein von Dritten als problematisch bewertetes Verhalten aus subjektiver Perspektive dennoch (kurzfristige) positive Konsequenzen haben kann und deshalb nicht als problematisch taxiert wird. Kognitive Verzerrungen wie Externalisierungen („Wenn mein Kumpel mich nicht zu diesem Einbruch mitgenommen hätte, dann …") oder in sozialen Netzwerken reproduzierte Einstellungen (z. B. „Frauen dürfen geschlagen werden.") können die Problemeinsicht ebenfalls behindern.

subjektive Anerkennung als „Problem"

Im Fokus dieses Moduls steht die Herausforderung, dass der Klient den von außen zugeschriebenen Veränderungsbedarf als subjektiv bedeutsames eigenes Problem anerkennt. Dies ist der Ausgangspunkt für Veränderungen und die dazu notwendige Motivation und Kompetenz.

Indikation der Interventionen

Die Indikation der Interventionen dieses Moduls ist in → Tab. 2 dargestellt.

Ziele des Moduls

- Es hat eine Auseinandersetzung mit den Folgen des Verhaltens und die „Bilanzierung" durch den Klienten stattgefunden.
- Es wurden realitätsgerechte und funktionale Einstellungen zum Problem erarbeitet.
- Die Problemsicht des Klienten ist sozial kontextualisiert.
- Das Veränderungsthema hat sich zu einem als für den Klienten subjektiv bedeutsamen Problem (IST-SOLL-Diskrepanz) entwickelt.

Tab. 2: Indikation der Interventionen des Moduls B

Motivationsstufe	Interventionen
Absichtslosigkeit	*Intervention 4*: „Welche Folgen hat mein Verhalten?“ – Konsequenzenklärung *Intervention 5*: „Wie finde ich das?“ – Einstellungen hinterfragen *Intervention 6*: „Was würde ... dazu sagen?“ – Systemische Klärung *Intervention 7*: „Das heißt: Mein Problem ist ...“ – Problemklärung *Fachkraft-Reflexion 2*: „Ist mein Klient problemeinsichtig?“ – Überprüfung der Problemeinsicht

Intervention 4: „Welche Folgen hat mein Verhalten?“ – Konsequenzenklärung

Thema/Inhalt: Es gibt immer „gute Gründe“, ein von Dritten als problematisch beurteiltes Verhalten nicht zu verändern, auch wenn die negativen Folgen für sich selbst oder für andere längerfristig bemerkbar werden (z. B. fortgesetztes Überschreiten des finanziellen Budgets, obwohl bereits Schulden bestehen; die Freundin droht mit der Trennung). Meistens hat ein problematisches Verhalten kurzfristige positive Konsequenzen, die unmittelbare Belohnungen auslösen und damit als Verstärker wirken, während negative Konsequenzen erst langfristig spürbar werden und auch andere Akteure betreffen können.

TTM Stufe 1

Ziel der Intervention

Der Klient hat die positiven und negativen Folgen seines Verhaltens in kurz- und langfristiger Perspektive – bezogen auf sich selbst und für andere Personen – geklärt und bilanziert.

Ablauf der Intervention: Die Intervention wird mit Unterstützung durch das → AB 4 umgesetzt. Wichtig ist, dass nicht die Bewertungen der Fachkraft notiert werden; vielmehr soll versucht werden, die Einstellungen des Klienten, d. h. seine subjektiven Sichtweisen zu den positiven und negativen Konsequenzen seines Verhaltens (bezogen auf das Veränderungsthema) zu ergründen.

kurzfristige Vorteile

- **Schritt 1:** kurzfristige positive Konsequenzen des Problems herausarbeiten: „Welche Folgen hat … kurzfristig?" „Ist das eher eine Folge für Sie oder für andere?" Die Argumente des Klienten sind empathisch wahrzunehmen. Professionelle Helfer neigen teilweise dazu, positive Konsequenzen eines Problemverhaltens sogleich kritisch zu hinterfragen. Dies kann zur „Moralisierung" oder unempathischen „Besserwisserei" führen. Allerdings sind es genau diese kurzfristigen Vorteile, welche ein Problemverhalten stabilisieren. Es ist wichtig, sie zu verstehen und anzuerkennen (ohne sie gutzuheißen).

langfristige Vorteile

- **Schritt 2:** Anschließend wird versucht, die positiven Konsequenzen aus langfristiger Perspektive herauszuarbeiten: „Kurzfristig ist es mir nun klar, wie Sie das einschätzen. Mich interessiert jedoch auch die längerfristige Seite. Wie sieht das denn in ein paar Monaten oder Jahren aus? Und: Sind das eher Folgen für Sie oder für andere Menschen?"

langfristige Nachteile

- **Schritt 3:** Nun folgt die Erkundung des längerfristigen Nachteils: „Das ist ja nur die eine Seite der Medaille! Was, denken Sie, könnten denn längerfristige Nachteile sein? Für Sie? Für andere Menschen?"

kurzfristige Nachteile

- **Schritt 4:** Nun werden die kurzfristigen Nachteile ergründet: „Gibt es denn auch Nachteile, die Sie unmittelbar feststellen? Haben andere Menschen kurzfristige Nachteile aus Ihrem Verhalten?"

„Bilanzierung"

Zum Schluss wird der Klient gebeten, seine Gegenüberstellungen im Vier-Feld-Schema zu bilanzieren: „Überwiegen vielleicht die langfristigen Nachteile? Lohnen sich die kurzfristigen Vorteile wirklich? Wie beurteilen Sie die Folgen für sich und für andere Menschen?" Funktionale Sichtweisen des Klienten sollen hierbei unmittelbar interaktionell verstärkt werden, während sozial erwünschte Aussagen oder weniger funktionale Einschätzungen mithilfe der Disputtechniken (→ Intervention 5) hinterfragt werden können.

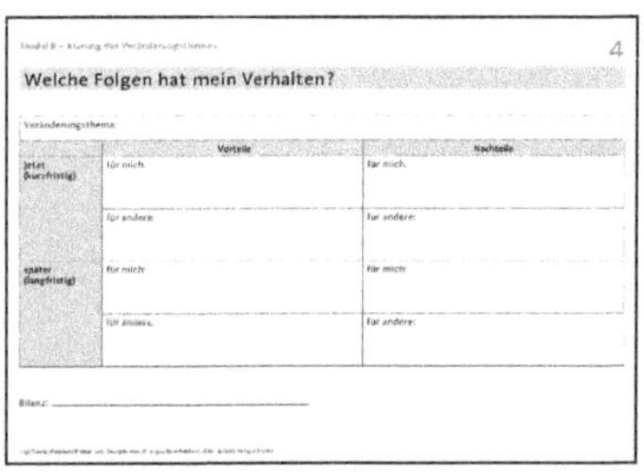
Welche Folgen hat mein Verhalten?

AB 4: „Welche Folgen hat mein Verhalten?"

⇨ 2.2.1 Die Dynamik der Entstehung von Motivation
⇨ 2.2.2 Komplexität der Motivationsentstehung: Kognitive Vorgänge
⇨ 5.2.1 Motivierende Gesprächsführung

!

Diese Intervention unterscheidet sich von der Intervention 9, „Ja, aber …", wie folgt: Die Konsequenzenklärung will eine funktionale Problemeinsicht erarbeiten und ein Verhalten problematisieren, während es bei der Ambivalenzklärung darum geht, die motivationale Stabilisierungs- im Gegensatz zur Änderungstendenz auszuloten. Die Intervention 9 konzentriert sich auf die Vor- und Nachteile der Lösung gegenüber dem bisherigen Zustand, während die Intervention 4 den Problemaspekt fokussiert.

Intervention 5: „Wie finde ich das?" – Einstellungen hinterfragen

TTM Stufe 1

Thema/Inhalt: dysfunktionale Einstellungen. Die Einstellungen des Klienten zu seinem Verhalten, eine fehlende, unzureichende oder verzerrte Problemeinsicht, die Zuschreibung der Problementstehung und der Verantwortung können dysfunktional sein. Einstellungen wie z. B. „Da sollen sich die von der Arbeitsagentur zuerst einmal drum kümmern", können die Veränderungsmotivation blockieren.

Häufig sind solche Einstellungen den Klienten bezüglich ihrer Dysfunktion nicht zugänglich, weil sie grundsätzliche Prämissen im Denken widerspiegeln und im Rahmen von Lernprozessen gefestigt wurden. Sie können übergeordneten Planstrukturen dienen und psychische Grundbedürfnisse befriedigen.

fragende Haltung der Fachkraft

Das Infragestellen solcher Einstellungen ist nur möglich, wenn die Fachkraft eine fragende und neugierige Haltung einnimmt und es unterlässt, die „richtigen" Einstellungen selbst zu vermitteln oder gar in destruktiver Weise Kritik zu üben.

Wenn der Klient selbst erkennen kann, dass die Art und Weise, wie er über sein Problem denkt, ihm nicht weiterhelfen wird, ist er vielleicht bereit, diese Einstellung zu Gunsten einer funktionalen Vorstellung aufzugeben.

Ziel der Intervention

Der Klient kann sich eine funktionale Problemsicht erarbeiten und seine bisherigen wenig hilfreichen Einstellungen zum Problem durch konstruktive und funktionale Kognitionen ersetzen.

Ablauf der Intervention: Mithilfe von → AB 5 wird zunächst eine von der Fachkraft als dysfunktionale Einstellung vermutete Thematik (dies kann das Veränderungsthema oder ein Teilaspekt davon sein) als Aussagesatz in der Mitte des Arbeitsblatts notiert.

Der Klient sagt: „Ich finde: Niemand kann mir Vorschriften machen, wie ich mit meinem Sohn umgehen soll. Ein Vater ist für das Wohlergehen seines Kindes selbst verantwortlich und kann tun und lassen, was er will!"
Die Fachkraft soll versuchen, diese Einstellung geduldig, freundlich, aber bestimmt zu hinterfragen und den Klienten dazu inspirieren, selbst neue funktionale Einstellungen zu finden, welche realitätsgerecht sind.

sokratische Gesprächsführung

Dazu eignet sich die Disputtechnik aus der sokratischen Gesprächsführung. Einige Fragen sind bereits auf dem Arbeitsblatt vermerkt. Sie können mit weiteren Fragen ergänzt werden (Frageformen nach Stavemann 2008; Fuller / Taylor 2012):

- Fragen nach Wahrheitsgehalt und Realitätsbezug einer Einstellung
  - „Ist das immer so?"
  - „Wie wahrscheinlich ist es, dass ...?"
  - „Muss das so kommen, oder was könnte noch geschehen?"
  - „Kennen Sie jemanden, der keine Fehler macht?"
  - „Ganz sicher?"
  - „Immer?"
  - „Alle?"
- Fragen nach der Logik einer Einstellung
  - „Wie kommen Sie darauf?"
  - „Woraus schließen Sie das?"
  - „Weshalb muss das so sein?"
  - „Steht das in Ihrer Macht?"
  - „Was hat das mit Ihnen zu tun?"
  - „Wieso bedeutet das, dass Sie ..., wenn Sie ...?"
  - „Sie sagten vorhin ..., jetzt ... Wie passt das zusammen?"
  - „Ich verstehe nicht, wie Sie darauf kommen, können Sie mir das erklären?"
- Fragen nach dem Normbezug einer Einstellung
  - „Woher kennen Sie diese Norm?"
  - „Wer sagt Ihnen das?"
  - „Welche anderen Sichtweisen kennen Sie?"
  - „Möchten Sie das weiterhin glauben?"
  - „Welche Ihrer Normen sprechen für, welche gegen so eine Vorstellung?"
  - „Weshalb sollten Sie das nicht tun dürfen?"
  - „Wie fänden Sie es, wenn ...?"
- Fragen nach der Zielgerichtetheit (Funktionalität) der Einstellung
  - „Hilft Ihnen das dabei, Ihr Ziel ... zu erreichen?"
  - „Was sind die Konsequenzen aus dieser Einstellung?"
  - „Möchten Sie das?"
  - „Erreichen Sie damit eigene Ziele?"
  - „Welche Alternative hilft Ihnen am ehesten dabei, Ihr Ziel zu erreichen?"
  - „Nützt Ihnen ... dabei, eine neue Arbeitsstelle zu finden?"
- Fragen nach der kurzfristigen Orientierung der Einstellung
  - „Hilft Ihnen diese Einstellung auf längere Zeit?"

- „Wollen Sie auf die Vorteile der Alternative verzichten?“
- „Sie haben früher Ihre Probleme mit Drogen zugedeckt, wie beurteilen Sie heute diesen Erfolg?“
- „Worin besteht heute der Vorteil von …?“

Am Ende der Intervention wird versucht, eine Schlussfolgerung zu ziehen, indem die funktionale veränderte Einstellung nochmals notiert und damit festgehalten wird.

⇨ 2.2.2 Komplexität der Motivationsentstehung: Kognitive Vorgänge
⇨ 3.3.1 Klärungsorientierte Veränderungsstrategien
⇨ 5.1.3 Allgemeine Beziehungsgestaltung

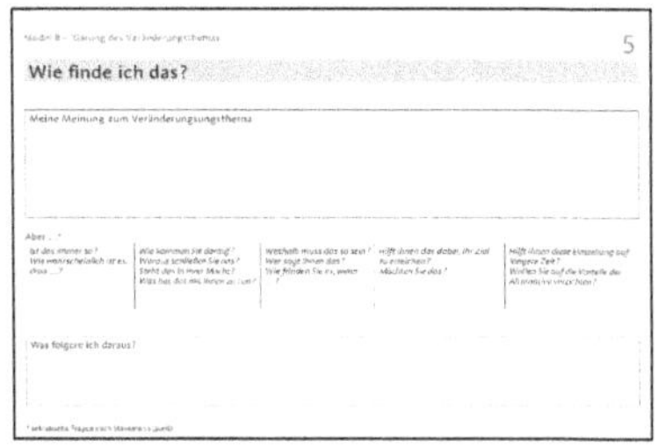

AB 5: „Wie finde ich das?“

Einstellungen verändern sich erst, wenn sie in neuen Situationen zur Anwendung gelangen können und durch Lernprozesse stabilisiert werden. Insofern ist nicht damit zu rechnen, dass die veränderten Einstellungen sogleich handlungswirksam werden.
Die Anwendung dieser Technik benötigt genügend Zeit und eine konstruktive und fragende Gesprächsatmosphäre. Es empfiehlt sich, die Fragen der Disputtechnik auswendig zu lernen, damit sie sicher angewendet werden können!
Diese Fragetechniken können auch im späteren Verlauf des Programms eingesetzt werden, z.B. bei unklaren Zielformulierungen oder Maßnahmen, die der Zielerreichung nicht dienen werden (z.B. logische Fragen oder funktionale Fragen).

Intervention 6: „Was würde … dazu sagen?“ – Systemische Klärung

TTM Stufe 1

Thema/Inhalt: Aufbauend auf der Auftrags- und Rollenklärung und der Analyse des sozialen Netzwerks und ihrer Perspektiven auf das Veränderungsthema im → Modul A *Orientierung* soll mit dem Klienten an einer sozial kontextualisierten Problemsicht gearbeitet werden. Dabei wird davon ausgegangen, dass die subjektive Einsicht des Klienten zum Veränderungsthema von den Sichtweisen der Akteure im sozialen Netzwerk abhängig ist. Eine Problemeinsicht kann möglich werden, wenn sich der Klient die Perspektiven und Folgen wichtiger „Dritter“ bewusst wird.

Ziel der Intervention

Der Klient hat sich mit den systemischen Interaktionen in seinem sozialen Netzwerk auseinandergesetzt und eine Kontextualisierung seiner Problemsicht erreicht.

Akteure bezeichnen

Ablauf der Intervention: Auf → AB 6 wird der Klient zunächst gebeten, mithilfe der bereits ausgefüllten Netzwerkkarte (→ AB 2) drei Personen zu nennen, die von seinem Veränderungsthema betroffen sind und ihm besonders wichtig sind.

zirkuläre Bedeutung

Danach wird in Anwendung systemischer Fragetechniken versucht, die (vermutete, vom Klienten konstruierte) Einstellungen dieser Netzwerkakteure und ihre zirkuläre Bedeutung für den Klienten selbst zu erfragen (Bamberger 2010):

- Woran würde diese Person merken, dass Sie sich verändert haben?
- Was würde diese Person sagen, dass Sie sich SO verändert haben?
- Was würde diese Person sagen, wenn Sie nichts verändern?
- Was würde diese Person Ihnen raten?

Sollte im Zusammenhang dieser Intervention die Idee entstehen, eine wichtige Person zu einer Besprechung einzuladen, sollte dies im Sinne einer sozialen Ressourcenaktivierung geschehen.

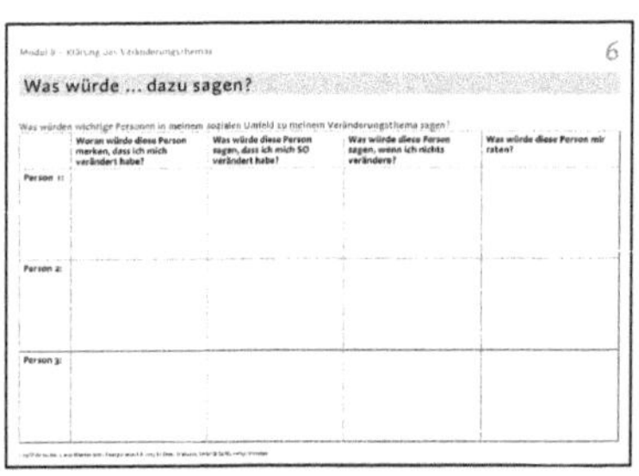

AB 6: „Was würde … dazu sagen?"

⇨ 2.2.2 Komplexität der Motivationsentstehung: Kognitive Vorgänge

⇨ 2.2.3 Einfluss von sozialen Interaktionen und sozialen Kontakten

!

Diese systemische Perspektive kann im weiteren Verlauf der Motivationsförderung, beispielsweise bei der Vorbereitung der Veränderung, erneut eingesetzt werden. Sie soll verdeutlichen, dass „Motivation" keine von der sozialen Interaktion unabhängige Größe ist und nur innerhalb der sozialen Bezüge des Klienten gedacht und verändert werden kann.

Intervention 7: „Das heißt: Mein Problem ist ...“ – Problemklärung

TTM Stufe 1

Thema / Inhalt: Als Folge der Klärungen der Rahmenbedingungen im Modul A und der Techniken zur Förderung der Problemeinsicht in Modul B soll aus dem Veränderungsthema, welches im Kontext des Auftrags und des Zwangskontexts formuliert wurde, ein subjektiv bedeutsames Problem des Klienten entwickelt werden. Mit der Intervention 7 soll diese Gesamtschau unterstützt werden.

> **Ziel der Intervention**
>
> Das Veränderungsthema hat sich zu einem für den Klienten subjektiv bedeutsamen Problem (IST-SOLL-Diskrepanz) entwickelt.

Ablauf der Intervention: Mithilfe von → AB 7 wird eine Rückschau und Zusammenfassung des bisher Erarbeiteten vorgenommen. Die wichtigsten Erkenntnisse und Perspektiven sollen nochmals gemeinsam resümiert werden. Ebenfalls wird das Veränderungsthema nochmals formuliert.

„Problem“ benennen

Daraus soll nun der Klient sein subjektiv bedeutsames Problem als solches benennen. Damit übernimmt er auch psychologische Verantwortung für sein Problem (Mayer 2012). Diese Erkenntnis bildet die Grundlage für die Weiterarbeit (Klärung von Ambivalenzen, Entwicklung von Zielen etc.)

⇒ 3.3.1 Klärungsorientierte Veränderungsstrategien

!

Diese Intervention stellt einen Meilenstein im Motivationsförderungsprozess dar. Die Fachkraft muss vor der Anwendungen der Module C bis E sicherstellen, dass der Klient eine subjektive Problemeinsicht erarbeiten konnte, die mit dem aus dem Zwangskontext entstehenden Veränderungsthema identisch ist.

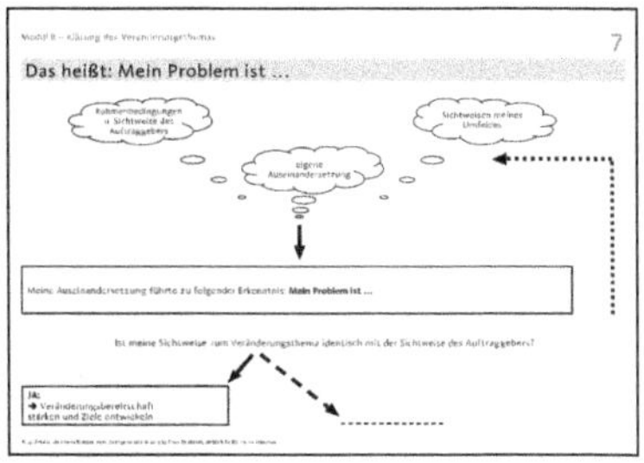

AB 7: „Das heißt: Mein Problem ist ...“

Fachkraft-Reflexion 2: „Ist mein Klient problemeinsichtig?" – Überprüfung der Problemeinsicht

Thema/Inhalt: Zum Abschluss des Moduls B *Klärung des Veränderungsthemas* soll die Fachkraft erneut eine selbstkritische Reflexion vornehmen, welche die Erreichung der Interventionsziele in Modul B überprüft.

Im Zentrum der Reflexion steht die Frage, ob der Klient mithilfe von Modul B eine Problemeinsicht erreichen konnte und ob die vorangehenden motivationsdiagnostischen Überlegungen noch zutreffen.

> **Ziel der Reflexion**
>
> Die Fachkraft hat die Erreichung der Interventionsziele des Moduls B überprüft und die vorangehenden motivationsdiagnostischen Einschätzungen hinterfragt. Im Vordergrund steht die Frage, ob sich der Klient eine Problemeinsicht erarbeiten konnte.

Problemeinsicht?

Ablauf der Reflexion: Die Reflexion – die wiederum ohne den Klienten durchgeführt wird – fokussiert zunächst auf die Interventionsziele des Moduls und fragt:

- Hat mein Klient Problemeinsicht entwickeln können?
- Stimmt seine Problemeinsicht mit dem Veränderungsthema, welches durch den Zwangskontext begründet wird, überein? (→ AB R-2)

Sollte sich die Fachkraft bei diesen beiden Punkten unsicher sein, ob diese Zwischenergebnisse zusammen mit dem Klienten erreicht werden konnten, empfiehlt es sich zu prüfen, ob nochmals eine oder mehrere Interventionen des Moduls B durchgearbeitet werden sollen.

Motivationsstufe?

Beziehungsgestaltung?

Im zweiten Teil der Reflexion wird nochmals auf die erste Reflexion (→ AB R-1) zurückgekommen: Stimmt die Einschätzung der Motivationsstufe, respektive: konnte mithilfe des Moduls B die Stufe der Absichtslosigkeit überwunden werden? Ebenfalls soll die Fachkraft ihre ersten Einschätzungen zur motivorientierten Beziehungsgestaltung überprüfen.

- Hat der Klient jetzt die Motivationsstufe der Absichtslosigkeit hinter sich lassen können? Treffen die motivationsdiagnostischen Einschätzungen zu? Was spricht dafür, was dagegen?
- Welche Wirkungen hat meine bisherige Strategie der motivorientierten Beziehungsgestaltung erzielen können? Stimmen meine Annah-

men? Welche Motive/Pläne befriedigt der Klient in der Beziehung zu mir? Welche Grundbedürfnisse werden damit erfüllt?

⇨ 2.2.1 Die Dynamik der Entstehung der Motivation
⇨ 3 Motivation ist veränderbar: Das Transtheoretische Modell (TTM)
⇨ 5.1.4 Grundzüge der komplementären oder motivorientierten Beziehungsgestaltung

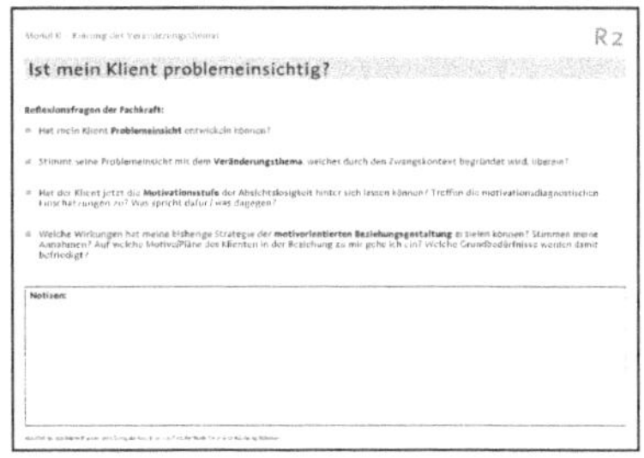
R2
Ist mein Klient problemeinsichtig?

AB R-2: „Ist mein Klient problemeinsichtig?“

!

Nur wenn der Klient sich aus der Absichtslosigkeit in Richtung Absichtsbildung „bewegt“, sollte das Modul C begonnen werden. Wenn er eindeutig in der Absichtslosigkeit verharrt, sollten Übungen aus Modul B wiederholt werden. Ein schematisches Weitergehen ist nicht im Sinne des TTM.

Modul C: Stärkung der Veränderungsbereitschaft

Ambivalenzen

Überblick: Sich gegenseitig blockierende Ambivalenzen zwischen dem Status quo und der Veränderung können die Veränderungsbereitschaft hemmen. Eine Veränderung kann sowohl Vorteile als auch Nachteile nach sich ziehen, genauso wie auch der Status quo positiv oder negativ bewertet werden kann.

Zukunftsperspektiven

Fehlende, unrealistische oder mit dem Veränderungsthema nur schwer verträgliche subjektive übergeordnete Zukunftsvorstellungen, Perspektiven und Lebensziele des Klienten können ebenfalls einen ungünstigen Einfluss auf die Veränderungsbereitschaft haben. Das einseitige Verharren in der (optimistischen) Zukunftsperspektive kann die Veränderungsbereitschaft reduzieren, weil die alleinige Beschäftigung mit der Zukunft – ohne konkrete Handlungsschritte oder durch das Ausblenden der Ausgangssituation – noch keine Veränderungen notwendig macht. Auch hier kann eine Ambivalenz zwischen der Stabilität im Jetzt und der Veränderung in der Zukunft entstehen.

Selbstvertrauen

Weil jede Veränderung auch mit Unsicherheiten verbunden ist, benötigen Menschen zur Motivierung ihres Handelns die Fähigkeiten, auf die Wirkung ihrer Handlungen zu vertrauen, gegenüber kommenden Herausforderungen zuversichtlich und optimistisch gestimmt zu sein und aufkommende Ängste vor Veränderungen bewältigen zu können. Das Modul C fokussiert diese Widersprüche, Ambivalenzen und für die Veränderung notwendigen Selbsteinschätzungen des Klienten. Die Interventionen sollen den Klienten dabei unterstützen, bezogen auf das Veränderungsthema (sic!) – über den Rubikon zu gehen.

Indikation der Interventionen

Die Indikation der Interventionen dieses Moduls ist in → Tab. 3 dargestellt.

Tab. 3: Indikationen der Interventionen des Moduls C

Motivationsstufe	Interventionen
Absichtsbildung	*Intervention 8*: „Wie lebe ich in fünf Jahren?" – Perspektivenklärung *Intervention 9*: „Ja, aber…" – Ambivalenzklärung *Intervention 10*: „Gehen oder Stehen?" – Mentales Kontrastieren *Intervention 11*: „Schaffe ich das?" – Selbstwirksamkeit

Ziele des Moduls

- Die übergeordneten Perspektiven und Ziele des Klienten sind erhoben.
- Bestehende Ambivalenzen sind ausgebreitet und geklärt.
- Die Handlungsbereitschaft und die Änderungstendenz konnten verstärkt werden.
- Die Selbstwirksamkeitserwartung und die Zuversicht sowie das subjektive positive Erleben der Veränderung durch den Klienten konnten verbessert werden.
- Der Klient hat den Rubikon überschritten.

Intervention 8: „Wie lebe ich in fünf Jahren?" – Perspektivenklärung

TTM Stufe 2

Thema/Inhalt: Das Veränderungsthema und die weiteren psychosozialen Problemstellungen und Themen des Klienten müssen in einem größeren Zusammenhang verstanden und eingeordnet werden, damit seine Veränderungstendenz erhöht werden kann.

Es wird für einen Klienten schwierig sein, seine Energie für Ziele aufzuwenden, die keinen Halt in selbst erarbeiteten übergeordneten Perspektiven finden. Demgegenüber ist es auch denkbar, dass sich Klienten zwar

Vorstellungen über ihre Zukunft machen, diese Perspektiven aber nur schwer zu realisieren sind und/oder im Kontrast zu den Veränderungsthemen stehen. Darüber hinaus ist es gut nachvollziehbar, wenn sich Klienten für die Bearbeitung eines Veränderungsthemas wenig motiviert zeigen, weil die Zielsetzung der Veränderung mit ihren übergeordneten Lebenszielen und persönlichen Perspektiven nicht verträglich ist. Mit anderen Worten: Zur Unterstützung von Motivation und zur Stärkung einer Veränderungstendenz sind realistische, übergeordnete subjektive Perspektiven des Klienten von wichtiger Bedeutung. Sie sollen im Rahmen dieser Intervention geklärt und/oder erarbeitet werden.

Ziel der Intervention

Die übergeordneten Perspektiven, (Lebens-)Ziele und Zukunftsvorstellungen des Klienten sind geklärt.

Lebensbereiche in fünf Jahren

Ablauf der Intervention: Der Klient wird bezogen auf wichtige Lebensbereiche befragt, wie er sich sein Leben in fünf Jahren vorstellt. Wie gestaltet er seinen Tagesablauf, was hat sich möglicherweise im Vergleich zur heutigen Situation verändert? Welche Ziele möchte er bis dahin erreicht haben? Mögliche Lebensbereiche können sein:

- Gesundheit
- Beschäftigung/Arbeit
- Finanzen
- Wohnen
- Partnerschaft/Familie
- Freunde/Bekannte
- Freizeit/Hobbys
- Persönliches

Perspektiven kennen

Der Klienten soll dazu angeleitet werden, konkrete Zustände und Ziele zu benennen, z. B.:

- Beschäftigung/Arbeit: „Ich werde sicher nicht den ganzen Tag vor dem Fernseher rumsitzen." Diese Aussage wäre zu konkretisieren, z. B. „Ich werde – trotz Frührente zweimal pro Woche Freiwilligenarbeit leisten."
- Partnerschaft/Familie: „Mein Ziel ist es, dass ich in fünf Jahren mit einer Freundin zusammenwohne."

Wenn die Fachkraft die übergeordneten Vorstellungen und Ausrichtungen des Klienten kennt, wird sie verstehen können, wie und weshalb sich der

Klient für Veränderungen motivieren lässt, was seine Veränderungstendenz erhöht (oder senkt) und weshalb bestimmte Themen außerhalb der subjektiven Relevanz des Klienten liegen können.

Falls die biografische Situation des Klienten seine Orientierung im Zeitraum von fünf Jahren erschwert, kann mit der Frage: „Wie leben Sie in zwei Jahren?“ (oder noch kürzeren Zeiträumen) operiert werden (weitere Techniken zur Klärung von übergeordneten Perspektiven bei Kanfer et al. 2006).

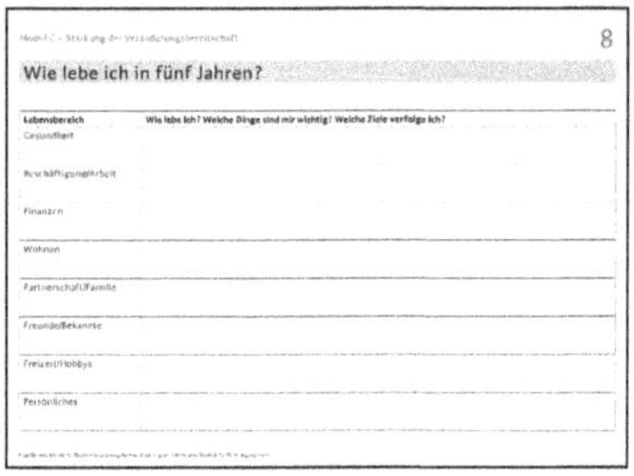
8

Wie lebe ich in fünf Jahren?

AB 8: „Wie lebe ich in fünf Jahren?“

⇨ 3.3.1 Klärungsorientierte Veränderungsstrategien
⇨ 5.2.1 Motivierende Gesprächsführung

!

Diese Intervention muss nicht während eines Beratungsgesprächs durchgeführt werden. Sie eignet sich als „Hausaufgabe“ für den Klienten. Die Ergebnisse dieser Perspektivenklärung kann der Klient optional mit seinen Bezugspersonen aus dem sozialen Netzwerk besprechen und sie auf ihre Plausibilität, Realitätsnähe und Erwünschtheit hin prüfen.

Intervention 9: „Ja, aber …“ – Ambivalenzklärung

TTM Stufe 2

Thema / Inhalt: Bei jedem Veränderungsvorhaben können Vor- oder Nachteile als Folgen des Status quo oder der Veränderung zutage treten. Diese Widersprüche oder Ambivalenzen können einen Veränderungsprozess behindern. Sie charakterisieren die Motivationsstufe der Absichtsbildung.

Es geht nicht darum, die Ambivalenzen rational aufzulösen, sondern empathisch die Vor- und Nachteile der Veränderung zu klären, insbesondere auch bisher wenig beachtete Faktoren aufzulisten.

Die Vorgehensweise präzisiert übliche Plus- / Minus-Listen: Weil jede Veränderung Vor- und Nachteile hat, werden zwei Alternativen (Status quo und Veränderung) zunächst expliziert und danach bezogen auf ihre positiven und negativen Folgen einander gegenübergestellt.

Ziel der Intervention

Der Klient hat sich mit seinen Ambivalenzen zum Veränderungsthema auseinandergesetzt.

Ambivalenzen der Veränderung

Ablauf der Intervention: Mithilfe von → AB 9, „Ja, aber …“, werden die Ambivalenzen der Veränderung wie folgt geklärt:

1. **Nachteile** herausarbeiten, (psychologische) Verantwortung (Attribution) für die Nachteile erkennen und persönliche Bewertung der Nachteile im Kontext möglicher Ziele akzentuieren.
2. **Vorteile der Veränderung** deutlich machen, Möglichkeiten der Veränderung herausarbeiten und Selbstwirksamkeitserwartung steigern. Wiederum soll die persönliche Bewertung der Vorteile im Kontext möglicher Ziele hervorgehoben werden.
3. **Nachteile der Veränderung** herausarbeiten, Möglichkeiten der „Kostenreduktion“ besprechen und die persönliche Bedeutung der Nachteile im Kontext möglicher Ziele klären.
4. **Vorteile des bisherigen Verhaltens** klären und besprechen, wie die Vorteile durch angemessenes Handeln dennoch erhalten bleiben können. Auch hier sollen die Vorteile des alten Verhaltens im Kontext möglicher Ziele geklärt werden. (Sachse et al. 2012)

Veränderungsperspektive

„Wenn ich mit dem Alkoholkonsum aufhöre, werde ich mit den Belastungen meiner schwierigen Lebenssituation (Arbeitslosigkeit, Schulden, Probleme beim Umgangsrecht) nicht mehr klarkommen. Das wird mich depressiv machen!“ Demgegenüber kann z.B. stehen: „Wenn ich den Konsum aufgebe, werde ich morgens mit klarem Kopf aufwachen und mich nicht zuerst um die Beschaffung des Alkohols kümmern müssen, sondern zuerst danach schauen können, dass meine Kinder pünktlich in die Schule kommen.“

⇨ 1.2 Was ist Motivation?
⇨ 3.3.1 Klärungsorientierte Veränderungsstrategien
⇨ 5.2.1 Motivierende Gesprächsführung

Manchmal werden die Ambivalenzen erst nach der Zielentwicklung (Modul D) klar. Diese Intervention kann somit auch zu einem späteren Zeitpunkt eingesetzt werden.

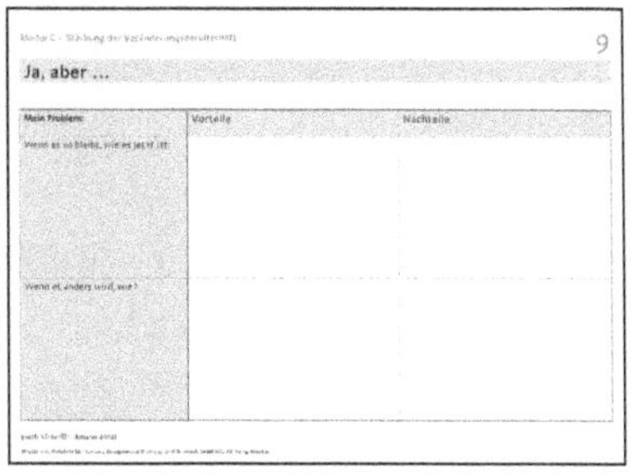
9
Ja, aber …

Mein Problem:	Vorteile	Nachteile

AB 9: „Ja, aber …“

Intervention 10: „Stehen oder Gehen?“ – Mentales Kontrastieren

TTM Stufe 2

Thema/Inhalt: Menschliches Verhalten ist stets von einer Stabilisierungs- vs. einer Veränderungstendenz gekennzeichnet. Allerdings ist das „naive“ Schwelgen von als attraktiv bewerteten Perspektiven ohne Anstrengungen möglich. Erst der mentale Kontrast der Perspektive gegenüber der Ausgangslage kann dazu führen, dass die Änderungstendenz erhöht werden kann.

„Ich habe mir fest in den Kopf gesetzt, eine neue Freundin zu finden und nicht mehr alleine zu sein“ (Gehen/Perspektive) vs. „Im Moment sitze ich den ganzen Tag hinter meinen Videospielen und bin allein“ (Stehen/Ausgangslage).

Das Kontrastieren verfolgt weniger die Konfrontation (beispielsweise mit der Frage: „Was meinen Sie, wie wahrscheinlich ist es, dass Sie eine Freundin finden, wenn Sie jetzt den ganzen Tag zu Hause hinter ihren Videospielen sitzen?“) als das Erzeugen einer inneren Diskrepanz beim Klienten, die durch das ständige Vergleichen und die wechselseitige gedankliche Beschäftigung mit der Perspektive vs. der Ausgangslage entstehen kann.

Ziel der Intervention

Durch die Gegenüberstellung der Perspektiven des Klienten und der aktuellen Ausgangssituation soll die Änderungstendenz unterstützt werden.

Veränderungsperspektive aufnehmen

Ablauf der Intervention: Die bereits bei der Klärung von Ambivalenzen entwickelte Veränderungsperspektive soll erneut aufgegriffen werden. Dabei ist es wichtig, den Klienten nach seinen Empfindungen und Gedanken dazu zu befragen und ihn die Situation nach einer Veränderung „ausschmücken“ zu lassen.

mit der Ausgangslage kontrastieren

Im Kontrast dazu soll die (problematische) Ausgangslage identisch erfragt und bezogen auf die Empfindungen und Gedanken des Klienten exploriert werden.

Hin- und Herpendeln

Nun folgt die wiederholte Kontrastierung der beiden Sichtweisen. Zwischen beiden „Polen“ soll der Klient gedanklich hin- und herpendeln

(Gawrilow et al. 2009). Zum Schluss soll eine Tendenz herausgearbeitet werden: „Gehen oder Stehen?“ (→ AB 10)

⇨ 3.3.1 Klärungsorientierte Veränderungsstrategien
⇨ 5.2.1 Motivierende Gesprächsführung

!

Die Bewertungen der Fachkraft stehen nicht im Fokus dieser Intervention, vielmehr soll der subjektive Sinn des Klienten erfragt und verstanden werden.

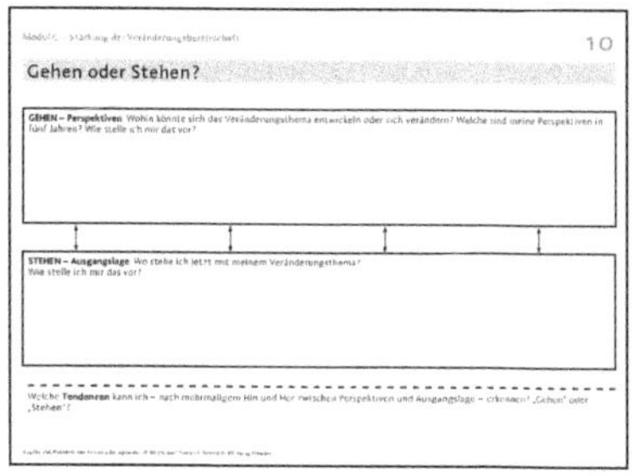
10

Gehen oder Stehen?

AB 10: „Stehen oder gehen?“

Intervention 11: „Schaffe ich das?“ – Selbstwirksamkeit

Thema / Inhalt: Diese Intervention befasst sich mit persönlichen Ressourcen des Klienten, die für Veränderungen von Bedeutung sind: seine Selbstwirksamkeitserwartung, seine Hoffnung und Zuversicht und die positive Stimmung sowie der für Veränderung nötige Optimismus. Ebenfalls sollen mögliche Ängste vor Veränderungsprozessen thematisiert werden.

TTM Stufe 2

Ziel der Intervention

Diese Intervention soll dazu dienen, frühere positive Erfolge, die den Fähigkeiten und Leistungen des Klienten zugeschrieben werden können, zu aktivieren und die Überzeugung zu stärken, dass der Klient mit eigenen Handlungen seine Veränderungen erreichen kann (Selbstwirksamkeitserwartung). Außerdem sollen Hoffnung, Zuversicht und positive Stimmung zum Veränderungsvorhaben gestärkt und Ängste thematisiert werden.

Ablauf der Intervention: Als Grundlage dient das → AB 11: Im ersten Schritt wird der Klient nach früheren Erfolgen befragt. Die Situationen und Problemstellungen, die der Klient erfolgreich bewältigt hat, werden zunächst festgehalten. Danach wird sondiert, welche Faktoren zum Erfolg geführt haben. Dabei ist darauf zu achten, dass der Klient nicht externale Faktoren benennt (z. B. „Das war mein Chef, der sich für mich eingesetzt hat.“), sondern die eigenen Anteile des Erfolgs anerkennen kann (z. B. „Ich habe meinen Chef davon überzeugen können, dass ich diese Baustelle ganz alleine fertigstellen kann.“).

frühere Erfolge

Zuversicht klären Anschließend wird in einem zweiten Schritt mit dem Klienten zusammen überprüft, ob er sich den anstehenden Veränderungen zuversichtlich stellt, was ihn stärkt und unterstützt oder was im Wege stehen könnte.

Bewertungen erfragen Im dritten Teil der Intervention soll die Bewertung des Veränderungsvorhabens erfragt werden: Wie optimistisch ist der Klient gestimmt? Wie positiv findet er die Veränderung? Welche negativen Gedanken hat er? Was stimmt ihn skeptisch oder was genau könnte Angst auslösen? (Fuller / Taylor 2012)

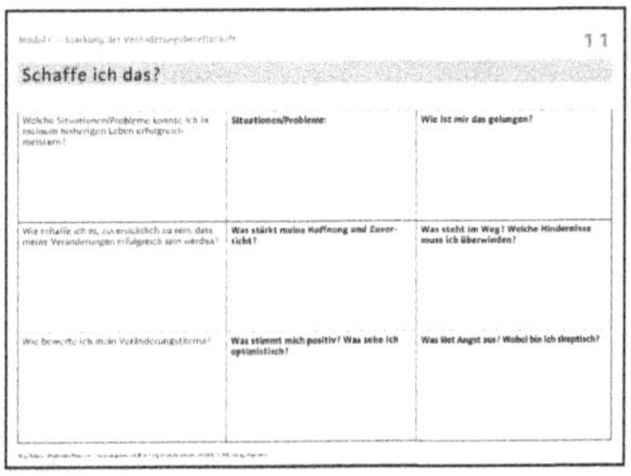

11

Schaffe ich das?

Welche Situationen/Probleme konnte ich in meinem bisherigen Leben erfolgreich meistern?	**Situationen/Probleme:**	**Wie ist mir das gelungen?**
Wie schaffe ich es, zuversichtlich zu sein, dass meine Veränderungen erfolgreich sein werden?	**Was stärkt meine Hoffnung und Zuversicht?**	**Was steht im Weg? Welche Hindernisse muss ich überwinden?**
Wie bewerte ich mein Veränderungsthema?	**Was stimmt mich positiv? Was sehe ich optimistisch?**	**Was löst Angst aus? Wobei bin ich skeptisch?**

AB 11: „Schaffe ich das?"

⇨ 3.3.1 Klärungsorientierte Veränderungsstrategien
⇨ 5.2.1 Motivierende Gesprächsführung (Abschnitt d: Selbstwirksamkeit fördern)

!

Es ist denkbar, dass bei Klienten, die Problemstellungen und Veränderungsvorhaben eher als „ich-fremd" wahrnehmen, die Selbstwirksamkeit und Zuversicht weniger im Vordergrund steht als bei Klienten, die zwar problemeinsichtig sind, sich die notwendigen Veränderungen aber aufgrund von früheren Misserfolgserfahrungen, schlechtem Selbstwert etc. nicht zutrauen. Diese Intervention ist eher für Letztere gedacht.

Fachkraft-Reflexion 3: „Ist mein Klient bereit für Veränderungen?" – „Rubikon"-Check

Thema / Inhalt: Im Rückblick auf das Modul C *Stärkung der Veränderungsbereitschaft* soll die Fachkraft darauf achten, ob ihr Klient den „Rubikon" überschritten hat und für die nachfolgenden Module bereit ist, in denen Ziele konkretisiert werden können. Wiederum soll die Motivationsstufe und die motivorientierte Beziehungsgestaltung überprüft werden.

Falls die Fachkraft feststellt, dass der Klient den „Rubikon" noch nicht überschritten hat, ist – nach Einschätzung der Hintergründe – ein erneutes Durcharbeiten einzelner vorangehender Interventionen in Betracht zu ziehen.

Ziel der Reflexion

Die Fachkraft hat die Erreichung der Interventionsziele des Moduls C überprüft und die vorangehenden motivationsdiagnostischen Einschätzungen hinterfragt.

Absichtsbildung abgeschlossen?

Ablauf der Reflexion: Die Reflexionsfragen lauten:

- Gibt es Anzeichen dafür, dass der Klient seine Ambivalenzen bewältigen kann?
- Ist es dem Klienten gelungen, die Ausgangslage mit der Zukunftsperspektive in Verbindung zu bringen und aus den Diskrepanzen eine Veränderungsmotivation zu entwickeln?
- Traut sich mein Klient die Veränderungen zu? Konnte er Hoffnung und Zuversicht aufbauen? Bewertet er die Veränderungen positiv?
- Hat der Klient jetzt die Motivationsstufe der Absichtsbildung hinter sich lassen können? Treffen die motivationsdiagnostischen Einschätzungen zu? Was spricht dafür, was dagegen?
- Hat der Klient den Rubikon überschritten? (→ AB R-3)

Beziehungsgestaltung?

Ebenfalls soll die motivorientierte Beziehungsgestaltung kritisch hinterfragt werden:

- Welche Wirkungen hat meine bisherige Strategie der motivorientierten Beziehungsgestaltung erzielen können? Stimmen meine Annahmen? Welche Motive/Pläne des Klienten werden in der Beziehung zu mir angesprochen? Welche Grundbedürfnisse werden damit befriedigt?

⇒ 2.2.4 Umsetzung des Wollens in Handlung
⇒ 3 Motivation ist veränderbar: Das Transtheoretische Modell (TTM)
⇒ 5.1.4 Grundzüge der komplementären oder motivorientierten Beziehungsgestaltung

R3
Ist mein Klient bereit für Veränderungen? – „Rubikon"-Check
Notizen:

AB R-3: Ist mein Klient bereit für Veränderungen?

!

Wenn Sie unsicher sind, ob Ihr Klient den Rubikon überschritten hat, hilft Ihnen vielleicht eine kleine Faustregel: Der Rubikon ist dann überschritten, wenn der Klient vom „Reden" zum „Handeln" kommt, also erste – und wenn noch so zaghafte – Handlungsschritte in die Veränderungsrichtung unternimmt. Manchmal ist es ganz hilfreich, hier kleine „Tests" (z. B. in Form von Hausaufgaben) einzuführen.

Modul D: Zielentwicklung und Planung

Schwerpunkt: Ziele

Überblick: Das vierte Modul des Manuals zur Motivationsförderung konzentriert sich auf den expliziten Anteil jeglicher Motivation: die konkreten Ziele. Nach den vorangegangenen Klärungen des Auftragskontexts (Modul A), der Erarbeitung einer funktionalen Problemeinsicht (Modul B) und der Steigerung der Veränderungsbereitschaft (Modul C) ist es zum aktuellen Zeitpunkt wichtig, die bisher entwickelten Veränderungsperspektiven und Veränderungsthemen bezogen auf konkrete Ziele zu operationalisieren.

Bedeutsame Ziele

In Zwangskontexten ist es von besonderer Wichtigkeit, dass die Ziele einerseits tatsächlich bedeutsame Ziele des Klienten sind und nicht sozial erwünschte Äußerungen oder oberflächliche Anpassungsleistungen darstellen. Andererseits müssen die Ziele mit den in Modul A geklärten nicht verhandelbaren Rahmenbedingungen des Auftrags und den gesellschaftlichen Erwartungen übereinstimmen. Dieser „Abgleich" ist eine knifflige Aufgabe für die Fachkraft, bei dem sie immer wieder auf die Ergebnisse der Interventionen im Modul A sowie die erreichte Problemeinsicht in Modul B hinweisen muss.

Veränderungsplan statt Hilfeplan

Da die Ziele den Veränderungsprozess des Klienten „motivieren" sollen, geht es weniger darum, einen Hilfeplan, Beratungsvereinbarungen o. Ä., zu entwickeln (die vordringlich der Fachkraft bei der Steuerung des Beratungsprozesses von Nutzen sind), es sollen vielmehr Ziele und Handlungspläne entstehen, welche den Klienten konkret dabei unterstützen, seine Veränderungen zu erreichen und aufrechtzuerhalten.

Konkretisierung

Die Ziele sollen konkretisiert und mit Indikatoren, Maßnahmen, Ressourcen sowie subjektiven Nutzeneinschätzungen versehen werden. Parallel zu diesem Prozess stellt sich stets die Frage nach der subjektiven Bedeutsamkeit der Ziele, nach ihren Entsprechungen mit den Anforderungen des Zwangskontextes und nach ihrer Realisierbarkeit.

Indikation der Interventionen

Die Indikation der Interventionen dieses Moduls ist in → Tab. 4 dargestellt.

!

Die Entwicklung von Zielen beginnt bereits in der Motivationsstufe der Absichtsbildung, nach der Überschreitung des Rubikons werden sie konkretisiert. Die Interventionen 12a und 12b folgen inhaltlich nahe auf das Modul C.

Tab. 4: Indikation der Interventionen von Modul D

Motivationsstufe	Interventionen
Absichtsbildung / Vorbereitung / Handlung	*Intervention 12a*: „Woraufhin will ich mein Verhalten und meine Situation verändern?" – Veränderungsplan *Intervention 12b*: „Sind meine Ziele okay?" – Zielcheck *Intervention 13*: „Was oder wer hilft mir dabei, meine Ziele zu erreichen?" – Ressourcenkarte *Intervention 14*: „So kann es klappen" – Wenn-dann-Pläne

Ziele des Moduls

- Der Klient hat konkrete Veränderungsziele entwickelt, die den Rahmenbedingungen des Zwangskontextes entsprechen, auf die Problemeinsicht gründen und realistisch sind.
- Die Veränderungsziele sind mit Indikatoren, Handlungsschritten, Ressourcen und subjektivem Nutzen verknüpft
- Die Ressourcen zur Umsetzung des Veränderungsplanes sind entdeckt und aktiviert.
- Die Umsetzung ist durch Vorsatzbildung und Anreize unterstützt.

Intervention 12 (a / b): „Woraufhin will ich mein Verhalten und meine Situation verändern?" – Veränderungsplan; „Sind meine Ziele okay?" – Zielcheck

Thema / Inhalt: Im Rahmen der Intervention 12 wird zusammen mit dem Klienten ein Veränderungsplan entwickelt und es werden konkrete Ziele formuliert. Der Veränderungsplan unterstützt die Ausrichtung des Klienten auf seine Ziele und plant ihre Umsetzung, indem Indikatoren, Maßnahmen, Ressourcen und der subjektive Nutzen der Zielerreichung expliziert werden. **TTM Stufe 2 / 3**

Die Ziele sollen den Rahmenbedingungen des Zwangskontexts entsprechen, für den Klienten subjektiv bedeutsam und auch realistisch sein.

Beide Entwicklungsschritte, das Formulieren von Zielen und die Planung der Umsetzung als auch der Abgleich mit den Kontextbedingungen und die Prüfung der Bedeutsamkeit und subjektiven Wichtigkeit, laufen parallel ab und sind jeweils aufeinander bezogen.

Ziel der Intervention

Der Klient hat einen Veränderungsplan mit Zielen, Indikatoren, Ressourcen und dem Zielnutzen entwickelt und ihn kritisch auf seine Verankerung in den Rahmenbedingungen des Zwangskontexts, seine subjektive Relevanz und die Realisierbarkeit hin überprüft.

Ablauf der Intervention: Die Entwicklung des Veränderungsplans wird durch → ABs 12a und AB 12b unterstützt. Sie können parallel eingesetzt werden.

Teil 12a): „Woraufhin will ich mein Verhalten und meine Situation verändern?" – Veränderungsplan

Leitziel Zunächst wird mithilfe von → AB 12a ein Leitziel formuliert, welches eine allgemeine Orientierung der Veränderung vorgibt und die konkreten Veränderungsziele umrahmt. Das Leitziel soll kurz und attraktiv formuliert sein und den Klienten emotional ansprechen.

Übergeordnete Leitziele:

„Ich gestalte mein Leben selbstständig, eigenverantwortlich und nehme Rücksicht auf andere."
„Ich sorge gut für mich und unterstütze meine Tochter tatkräftig dabei, sich positiv zu entwickeln."

Veränderungsziele Danach werden zwei bis drei Veränderungsziele entwickelt. Damit eine Fokussierung erreicht werden kann, sollte auf die Formulierung von mehr als drei Zielen verzichtet werden. Bei der Zielformulierung ist auf die bekannten S.M.A.R.T-Kriterien zu achten. Die Ziele sollen folgendermaßen ausgeführt werden:

- S – spezifisch,
- M – messbar,
- A – attraktiv (übereinstimmend mit dem Leitziel und dessen positiver emotionaler Bewertung),
- R – realistisch (→ AB 12b – Zielcheck) und
- T – terminiert

Annäherungsziele Die Ziele müssen zwingend als Annäherungsziel (z. B. „Ich habe eine Vollzeit-Arbeit als Verkäuferin gefunden.") und nicht als Vermeidungsziel (z. B. „Ich will nicht mehr sozialhilfeabhängig sein.") ausgestaltet sein.

In der Spalte „Daran merke ich die Zielerreichung" werden seitens der Klienten häufig konkrete Maßnahmen oder Verhaltensweisen formuliert, die zur Zielerreichung dienen. Hier sind jedoch konkret beobachtbares Verhalten oder konkrete Ergebnisse gefragt, welche die Zielerreichung konkretisieren und damit als Indikatoren für die Zielerreichung gelten. Damit kann das Ziel einerseits weiter detailliert werden, anderseits ermöglicht der Indikator die spätere Überprüfung des Ziels. **Maßnahmen**

Die Spalte „Was mache ich konkret? Bis wann?" ist zur Festlegung der spezifischen Maßnahmen und Handlungen des Klienten (nicht anderer Personen!) gedacht, die gemäß den S.M.A.R.T.-Regeln terminiert sein sollten. Hierbei kann dem Klienten klar werden, welche Handlungsschritte voneinander abhängig sind. **Terminierung**

Die Spalte „Wer / was hilft mir dabei" benennt die für die Umsetzung der Ziele notwendigen Ressourcen. Zeigt sich hierbei, dass die Ressourcenlage unklar ist, sollte zunächst die → Intervention 13 durchgearbeitet werden, bevor der Veränderungsplan weiterentwickelt wird. **Ressourcen**

Die letzte Spalte des Plans fragt nach dem subjektiven Nutzen des Ziels und nach den Erwartungen, die mit dem Ziel (und den Handlungen sowie den Handlungsfolgen) verbunden sind. Diese Festlegung des subjektiven Erwartungswerts der Zielumsetzung ist motivationspsychologisch von großer Bedeutung. **subjektiver Nutzen**

Teil 12b) „Sind meine Ziele okay?" – Zielcheck

Dieser Teil der Intervention 12 kann parallel zur Zielentwicklung und der Arbeit am Veränderungsplan eingesetzt werden. Konkrete Fragen zur Relevanz und Realisierbarkeit der Ziele werden hier gestellt:

- Entsprechen meine Ziele den in Modul A geklärten Rahmenbedingungen (Auftrag, Erwartungen von Dritten etc.)?
- Nehmen meine Ziele einen Bezug zu den Sichtweisen meines sozialen Umfeldes?
- Gründen meine Ziele auf mein in Modul B geklärtes Problemverständnis?
- Handelt es sich wirklich um „meine" Ziele? Sind mir diese Ziele wichtig?
- Wo stehen meine Ziele auf dem „Zielbarometer"? Sind meine Ziele realistisch?

Beim Zielcheck handelt es sich um die modifizierte *Goal-Attainment-Scale* (Kiresuk / Sherman 1968), welche sowohl zur Erarbeitung von realistischen Zielen als auch zur späteren Überprüfung der Zielerreichung eingesetzt werden kann. Zur Entwicklung von Zielen kann zunächst bei der Ausgangslage („0") angefangen werden. Ein sich daran orientierendes Ziel würde keine Veränderung ermöglichen, sondern nur eine Stabilisierung **Zielcheck** bewirken (tendenziell: ein etwas ungünstiges Vermeidungsziel). Der Maximalwert („+4“) charakterisiert einen Idealzustand, der vermutlich nicht realistisch ist. Dieses Idealziel kann mit einer Verschlechterung des Status quo („–2“) kontrastiert werden, um dann in einem weiteren Schritt ein realistisches Ziel („+2“) zu formulieren.

„Zielbarometer“

- – 2: zwei Liter Bier pro Tag plus punktueller Kokain-Konsum
- 0: zwei Liter Bier pro Tag
- +2: ein bis zwei Büchsen Bier pro Tag
- +4: Totalabstinenz

Sollten die Fragen des Zielchecks jeweils verneint werden oder die Antworten darauf unklar bleiben, gibt dies Hinweise darauf, dass entweder der Veränderungsplan anzupassen ist oder nochmals zu den vorangehenden Modulen zurückgekehrt werden muss.

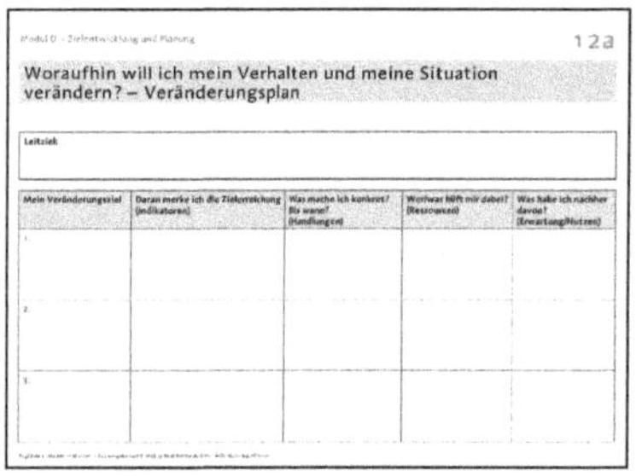
12a
Woraufhin will ich mein Verhalten und meine Situation verändern? – Veränderungsplan

AB 12a: „Woraufhin will ich mein Verhalten und meine Situation verändern?“

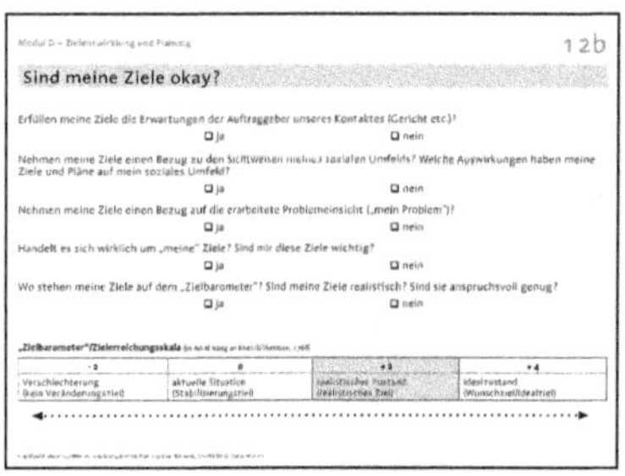
12b
Sind meine Ziele okay?

AB 12b: „Sind meine Ziele okay?“

⇒ 2.2.3 Einfluss von sozialen Interaktionen und Kontakten
⇒ 3.3.2 Handlungsorientierte Strategien
⇒ 4 Werte und Ziele: Motivation wozu?

Die Zielentwicklung benötigt ausreichend Zeit. Es besteht die Gefahr, dass die Klienten in der Interaktion mit der Fachkraft „sozial erwünschte“ Ziele nennen. Wichtig ist die Formulierung von Zielen, die den wirklichen Absichten der Klienten entsprechen.

- Die Ziele müssen mit den übergeordneten Perspektiven des Klienten übereinstimmen.
- Der ausgefüllte Veränderungsplan sollte unbedingt in grafisch ansprechender Form und in verschiedenen Formaten (DIN A4; sowie kleinere Formate für Schreibtisch, Kühlschrank, Geldbeutel, Kalender etc.) hergestellt werden, damit er im Alltag des Klienten „sichtbar“ wird und als Arbeitsinstrument dienen kann.

Achtung: Der Veränderungsplan ersetzt nicht einen Hilfeplan! Im Gegenteil: Der Veränderungsplan wird aus der Perspektive des Klienten formuliert und soll seine konkreten Veränderungen strukturieren und planen, während der Hilfeplan ein Mittel der Steuerung für die Fachkraft ist.

Intervention 13: „Was oder wer hilft mir dabei, meine Ziele zu erreichen?" – Ressourcenkarte

TTM Stufe 2/3

Thema / Inhalt: Alle menschlichen Handlungen – und anspruchsvolle Veränderungspläne im Besonderen – können realisiert werden, wenn der Handelnde die notwendigen physischen / psychischen, sozialen und / oder ökonomischen und ökologischen Ressourcen zugunsten des Handlungsziels aktivieren und instrumentalisieren kann.

Bei der Erarbeitung des Veränderungsplans kann sich zeigen, dass die für die Umsetzung des Plans notwendigen Ressourcen zuerst erschlossen oder erst aufgebaut werden müssen. Oder es bleibt unklar, wie vorhandene Ressourcen aktiviert und für die Umsetzung des Plans instrumentalisiert werden können. In diesen Situationen bietet sich die Intervention 13 an. Sie unterstützt den Klienten dabei, seine Ressourcensituation – bezogen auf den Handlungsplan – zu klären und die Ressourcen zu aktivieren oder zu erschließen.

Ziel der Intervention

Mit dieser Intervention soll erreicht werden, dass die für das Veränderungsvorhaben benötigten Ressourcen aktiviert oder erschlossen werden.

Ablauf der Intervention: Zunächst wird es notwendig sein, den Ressourcenbegriff und die Funktion von Ressourcen für Veränderungen mit dem Klienten zu besprechen. (→ AB 13)

Ressourcen entdecken

Anschließend soll überlegt werden, welche Arten von Ressourcen (persönliche, soziale etc.) für die Erreichung der Ziele im Veränderungsplan notwendig sind. Danach gilt es, gemeinsam herauszufinden, ob diese Ressourcen „nur" aktiviert (sprich: ins Bewusstsein geholt) werden müssen, oder ob eine eigentliche Erschließung oder ein Aufbau von Ressourcen notwendig sind. Abschließend soll festgehalten werden, wer nun was genau unternimmt, um die Ressourcen zu aktivieren oder zu erschließen / aufzubauen (z. B. Kontakt mit dem Job-Center durch die Fachkraft etc.).

- **Psychische Ressourcen:** Ein Klient traut sich aufgrund seiner Misserfolgserfahrungen keine Veränderungen mehr zu. Die Aktivierung der Selbstwirksamkeitserwartung als bedeutsame psychische Ressource muss erfolgen, bevor der Handlungsplan umgesetzt werden kann. Wenn es Teil des Veränderungsplans ist, wieder mit der erwachsenen Tochter Kontakt aufzunehmen, dann müssen zuerst die handlungsbezogenen Ressourcen (beispielsweise Sozialkompetenzen) aktiviert oder aufgebaut werden, z.B.: Wie baue ich Kontakt auf? Wie signalisiere ich Interesse? Wie könnte wohl meine Tochter reagieren, wenn ich sie anrufe?
- **Soziale Ressourcen:** Die Situationsanalyse hat ergeben, dass ein strukturiertes Freizeitverhalten für die Distanzierung von Kriminalität wichtig ist. Der Klient möchte seinen alten Fußballtrainer wieder anrufen und herausfinden, ob er wieder im Fußballverein mitspielen darf, obwohl er vor einem Jahr wegen Prügeleien ausgeschlossen wurde.
- **Ökonomische Ressourcen:** Die Umsetzung des Plans bedingt die Sicherstellung der materiellen Grundsicherung durch die Anmeldung bei der Rentenversicherung. Die Fachkraft wird deshalb bei der zuständigen Stelle vorsprechen. (Borg-Laufs 2011)

13
Was oder wer hilft mir dabei, meine Ziele zu erreichen?

AB 13: „Was oder wer hilft mir dabei, meine Ziele zu erreichen?"

⇨ 2.2.3 Einfluss von sozialen Interaktionen und Kontakten
⇨ 3.3.2 Handlungsorientierte Strategien

!

In komplexen Situationen und sozialen Mehrfachproblematiken kann es notwendig sein, dieser Intervention eine hohe Aufmerksamkeit und ausreichend Zeit und Geduld zu schenken. Es ist wichtig, die Veränderungskapazitäten des Klienten nicht zu überschätzen, Erreichbares anzupacken, Prioritäten zu setzen und sich nicht von einer Euphorie anstecken zu lassen. Je schlechter die Ressourcenlage ist, desto länger kann die Umsetzung des Veränderungsplans dauern.

Intervention 14: „So kann es klappen!" – Wenn-dann-Pläne

TTM Stufe 3/4

Thema / Inhalt: In Anwendung der Erkenntnisse über die Wenn-dann-Pläne und die Wirkung von Anreizen besteht mit dieser Intervention die Möglichkeit, sowohl Schwierigkeiten beim Beginn von Handlungen („Startprobleme") als auch beim „Durchhalten" oder bei Unterbrechungen von Handlungen mental zu antizipieren. Außerdem soll der Klient lernen, sich selbst (subjektiv bedeutsame) Belohnungen als Verstärker zu setzen, wenn er bestimmte Handlungen seines Veränderungsplans erreicht hat.

Ziel der Intervention

Die Umsetzung der im Veränderungsplan aufgeführten Handlungen ist durch Wenn-dann-Pläne und Anreize unterstützt.

Ablauf der Intervention: Zunächst werden mit dem Klienten die Handlungen besprochen, die entweder schwierig sind, bis sie anfangen können (Startprobleme), oder die bezüglich des „Dranbleibens“ Probleme bereiten (→ AB 14 Spalte 1). Dabei wird eine konkrete Situation definiert, in der die Handlung erfolgen soll („Wenn …“). Danach wird die eigentliche Handlung in konkretisierter Form („… dann“) bezeichnet. Anschließend geht es um das „Dranbleiben“: Auch hier wird wiederum versucht zu antizipieren, in welcher Situation eine Störung oder Ablenkung wahrscheinlich wird. Diese Situation wird notiert („Wenn …“) und sogleich versucht, eine Handlung zu beschreiben („… dann“), welche dazu führt, dass die ursprünglich eingeleitete Handlung wieder aufgenommen wird.

Startprobleme

Wenn/dann

Wenn-dann-Pläne

Situation: Wenn ich nach Hause komme, …
Ziel: Ich möchte mich besser um meinen Sohn kümmern
Startvorsatz: „Wenn ich vom Arbeitsintegrationsprogramm nach Hause komme, dann gehe ich zunächst zu meinem zehnjährigen Sohn ins Zimmer und frage nach, wie es in der Schule gelaufen ist.

Beispiel für einen Durchhaltevorsatz: „Wenn ich beim zweiten Bier denke: „Jetzt kommt es eh nicht mehr drauf an.“, und ich ein drittes Bier aufmachen will, obwohl ich mir vorgenommen habe, nur ein Bier zu trinken, dann überlege ich mir, dass meine Freundin nachher bestimmt sauer auf mich sein wird. Dann lege ich die dritte Flasche zurück und verlasse die Wohnung, um einen kleinen Spaziergang zu machen.“
(Faude-Koivisto/Gollwitzer 2009)

⇒ 2.2.4 Umsetzung des Wollens in Handlung
⇒ 3.3.2 Handlungsorientierte Strategien

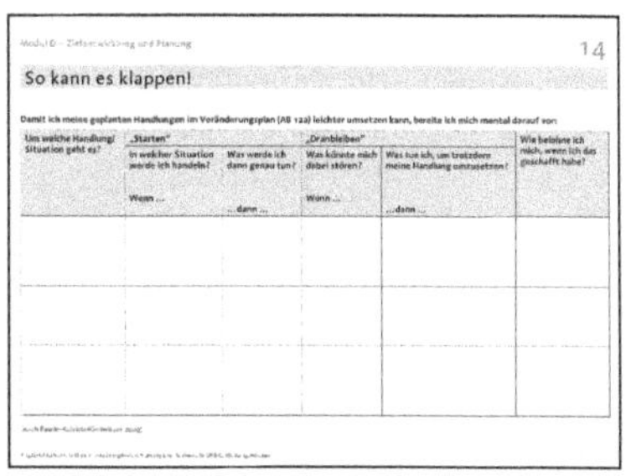
14

So kann es klappen!

Damit ich meine geplanten Handlungen im Veränderungsplan (AB 12a) leichter umsetzen kann, bereite ich mich mental darauf vor:

Um welche Handlung/Situation geht es?	„Starten“		„Dranbleiben“		Wie belohne ich mich, wenn ich das geschafft habe?
	In welcher Situation werde ich handeln? Wenn …	Was werde ich dann genau tun? … dann …	Was könnte mich dabei stören? Wenn …	Was tue ich, um trotzdem meine Handlung umzusetzen? … dann …	

AB 14: „So könnte es klappen!“

Fachkraft-Reflexion 4: „Ist mein Klient gut vorbereitet?“ – Überprüfung der Planung

Thema / Inhalt: Diese Reflexion konzentriert sich auf die kritische Beurteilung des erarbeiteten Veränderungsplans und seiner Bestandteile.

Ziel der Reflexion

Die Fachkraft hat den Veränderungsplan und die geplante Umsetzung kritisch geprüft.

Ablauf der Reflexion: Die Reflexionsfragen lauten:

- Entspricht der Handlungsplan den Anforderungen des Zwangskontexts?
- Unterstützen die Akteure im sozialen Netzwerk des Klienten den Handlungsplan?
- Sind die Ziele im Handlungsplan für den Klienten von subjektiver Bedeutung und im Annäherungsmodus formuliert?
- Wurden die für die Umsetzung des Handlungsplans notwendigen Ressourcen aktiviert oder erschlossen?
- Ist die Umsetzungsplanung vorbereitet? Sind die Umsetzungsschritte realistisch?
- **Motivationsstufe?** Befindet sich der Klient jetzt in der Motivationsstufe der Vorbereitung / Handlung?
- **Beziehungsgestaltung?** Welche Wirkungen hat meine bisherige Strategie der motivorientierten Beziehungsgestaltung erzielen können? Stimmen meine Annahmen? Welche Motive / Pläne des Klienten werden in der Beziehung zu mir erfüllt? Welche Grundbedürfnisse werden damit befriedigt? (→ AB R-4)

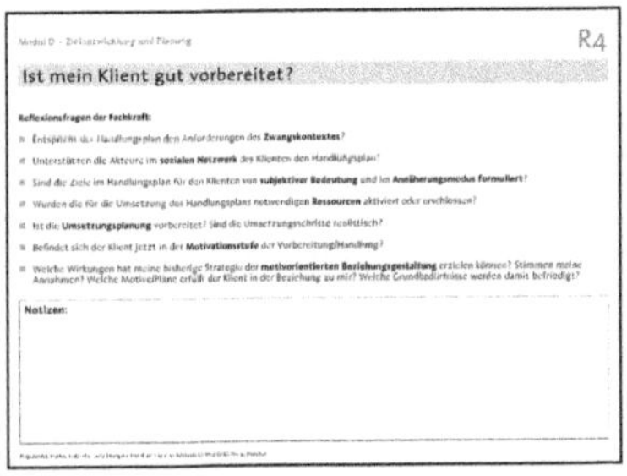
R4

Ist mein Klient gut vorbereitet?

Reflexionsfragen der Fachkraft:

- Unterstützen die Akteure im **sozialen Netzwerk** des Klienten den Handlungsplan?
- Sind die Ziele im Handlungsplan für den Klienten von **subjektiver Bedeutung** und im **Annäherungsmodus formuliert**?
- Wurden die für die Umsetzung des Handlungsplans notwendigen **Ressourcen** aktiviert oder erschlossen?
- Ist die **Umsetzungsplanung** vorbereitet? Sind die Umsetzungsschritte realistisch?
- Befindet sich der Klient jetzt in der **Motivationsstufe** der Vorbereitung/Handlung?
- Welche Wirkungen hat meine bisherige Strategie der **motivorientierten Beziehungsgestaltung** erzielen können? Stimmen meine Annahmen? Welche Motive/Pläne erfüllt der Klient in der Beziehung zu mir? Welche Grundbedürfnisse werden damit befriedigt?

Notizen:

AB R-4: „Ist mein Klient gut vorbereitet?“

⇨ 3 Motivation ist veränderbar: Das Transtheoretische Modell (TTM)
⇨ 3.3.2 Handlungsorientierte Strategien
⇨ 5.1.4 Grundzüge der komplementären oder motivorientierten Beziehungsgestaltung

! An dieser Stelle sollte sich der Klient einen Veränderungsplan erarbeitet haben, der für ihn subjektiv bedeutsam ist und mit seinen Ressourcen umgesetzt werden kann.

Bestehen hierbei Zweifel (z.B. wenn möglicherweise „sozial erwünschtes" Antwortverhalten vermutet wird), sollte die Fachkraft genügend Zeit investieren und ggf. nochmals in den vorangehenden Modulen die vorbereitenden Interventionen des Moduls D vertiefen.

Modul E: Monitoring

Aufrechterhaltung

Überblick: Das letzte Modul E *Monitoring* widmet sich der Thematik der Aufrechterhaltung von Veränderungen, also der Sicherung der „Erfolge" der Veränderungshandlung. Es versucht mithilfe von positiven Anreizen, sozialer Verstärkung und Planung des Verhaltens in der „Rückfall-Situation", den Prozess der Aufrechterhaltung in die spätere Stufe der Stabilisierung zu überführen.

Indikation der Interventionen

Die Indikation der Interventionen dieses Moduls ist in → Tab. 5 dargestellt.

Tab. 5 Indikation der Interventionen des Moduls E

Motivationsstufe	**Interventionen**
Aufrechterhaltung	*Intervention 15*: „So bleibe ich dran" – Erfolgssicherung

Ziele des Moduls

Der Klient hat die Aufrechterhaltung der Veränderung auf das längerfristige Ziel der Stabilisierung mithilfe von positiven Anreizen, sozialer Verstärkung und Vorbereitung eines möglichen „Rückfalls" gedanklich vorbereitet. Die Fachkraft hat zudem den Umgang mit einem möglichen „Rückfall" thematisiert.

Intervention 15: „So bleibe ich dran!" – Erfolgssicherung

TTM Stufe 5

Thema/Inhalt: Umfassende Veränderungen von problematischen Verhaltensweisen benötigen Zeit für ihre Aufrechterhaltung und Stabilisierung. Je mehr die vorbereiteten Haltungen und Ziele in konkretes Alltagshandeln umgesetzt werden können, umso wahrscheinlicher ist die spätere Stabilisierung. Bei Problemen, die einen hohen sekundären Nutzen erzeugen, benötigen die Klienten langfristig besonders attraktive Belohnungen, beispielsweise in Form von positiven Aktivitäten, materiellen Gütern oder sozialer Verstärkung (Zuwendung, Anerkennung etc.), damit sich die Stufe der Aufrechterhaltung zur eigentlichen Stabilisierung hin entwickeln kann. Insbesondere die soziale Unterstützung durch die Akteure im Netzwerk des Klienten ist bei der Herausforderung des „Dranbleibens“ von hoher Bedeutung.

Einige Klienten vermeiden die kognitive „präventive“ Auseinandersetzung mit möglichen Misserfolgen und „Rückfällen“ in alte Verhaltensweisen. Diese Thematik soll – im Sinne einer „Rückfallprävention“ – konstruktiv aufgenommen werden.

Ziel der Intervention

Der Klient hat sich für das Stadium der Aufrechterhaltung hilfreiche Strategien erarbeitet.

Meilensteine

Ablauf der Intervention: Mithilfe von → AB 15, „So bleibe ich dran!“, wird zunächst nochmals der Veränderungsplan besprochen und versucht, Meilensteine bei der Umsetzung der einzelnen Ziele zu eruieren. Diese Meilensteine werden genau beschrieben und in die Spalte „Wenn ich … erreicht habe …“ eingesetzt. Danach werden Belohnungen und positive Anreize gesucht, die bei der Erreichung des Meilensteins aktiviert werden. Wichtig ist, dass Anreize nur dann wirksam sind, wenn sie durch den Klienten subjektiv als wichtig und positiv eingeschätzt werden. Die Klienten sollen sich selbst belohnen oder die Belohnung abholen (und nicht von anderen belohnt werden!).

Unterstützung durch soziales Netzwerk

Anschließend wird unter Zuhilfenahme von → AB 2 (Netzwerkkarte) nach denjenigen Personen gesucht, die bei der Aufrechterhaltung eine wichtige Rolle spielen können. Dabei ist es wichtig zu beachten, dass der Klient die Verantwortung nicht „delegiert“, sondern sich die praktische Unterstützung genau vorstellt und sich klar wird, welche Handlungen er selbst unternehmen muss.

Rückfälle antizipieren

Der letzte Punkt des Arbeitsblatts konzentriert sich auf die Vorbereitung von möglichen Rückfällen. In der Spalte „Was könnte nicht klappen?“ sollen verschiedene Situationen diskutiert werden, in denen die Zielerreichung schwierig oder unmöglich wird. In der zweiten Spalte „Was mache ich dann?“ werden konkrete Bewältigungshandlungen notiert, die in der „Rückfallsituation“ angewandt werden sollen.

Konsequenzen bei Rückfällen besprechen

Manche Klienten sind verunsichert, ob sie bei einem „Rückfall“ negative Folgen, Sanktionen etc. seitens der Auftraggeber oder weiterer Akteure im sozialen Netzwerk zu erwarten haben. In diesem Falle wäre nochmals zur → Intervention Nr. 1, Auftrags- und Rollenklärung zurückzukehren und über diese Frage Klarheit zu schaffen. Ultimative Erwartungen von Auftraggebern, welche ein „Scheitern“ im Veränderungsprozess nicht zulassen, sind einerseits unrealistisch, anderseits verhindern sie die notwendigen Lernprozesse. Solche Erwartungen haben eine demotivierende Wirkung.

Umgang mit Rückfällen

Im Falle eines „Rückfalls“ soll die Fachkraft die Situation möglichst „entdramatisieren“, sie offen ansprechen und gemeinsam mit dem Klienten nach Lösungen suchen.

Während dieser Intervention soll der Klient die Haltung einnehmen, dass er selbst eine „Selbstkontrolle“ ausüben muss und in der eigenen Verantwortung steht, seine Veränderungen kritisch zu kontrollieren. Die Fachkraft und das soziale Umfeld können hier nur ermuntern und unterstützen.

⇨ 3.1 Motivationsstufen

Es empfiehlt sich, einen „Kontrolltermin“ zu vereinbaren, um den Umsetzungsprozess zu begleiten. Meistens scheitern die Veränderungspläne der Klienten bei der Aufrechterhaltung, weil „Rückfälle“ ohne Ermutigungen und weitere Ressourcenaktivierung dazu führen können, wieder in das Veränderungsstadium der Absichtslosigkeit zurückzukehren.

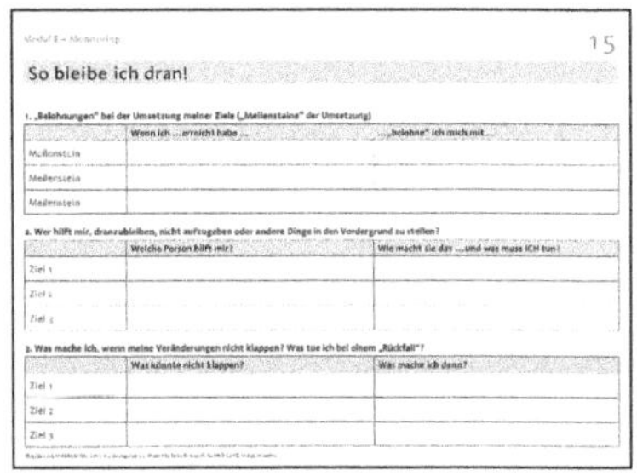

15

So bleibe ich dran!

1. „Belohnungen“ bei der Umsetzung meiner Ziele („Meilensteine“ der Umsetzung)

	Wenn ich … erreicht habe …	… „belohne“ ich mich mit …
Meilenstein		
Meilenstein		
Meilenstein		

2. Wer hilft mir, dranzubleiben, nicht aufzugeben oder andere Dinge in den Vordergrund zu stellen?

	Welche Person hilft mir?	Wie macht sie das … und was muss ICH tun?
Ziel 1		
Ziel 2		
Ziel 3		

3. Was mache ich, wenn meine Veränderungen nicht klappen? Was tue ich bei einem „Rückfall“?

	Was könnte nicht klappen?	Was mache ich dann?
Ziel 1		
Ziel 2		
Ziel 3		

AB 15: „So bleibe ich dran!“ – Erfolgssicherung

Fachkraft-Reflexion 5: „Wie kann ich den Veränderungsprozess begleiten?“ – Monitoring-Planung

Thema / Inhalt: Die letzte Reflexionsanregung betrifft die Begleitung des Veränderungsvorhabens durch die Fachkraft. Nicht nur der Klient soll sein Veränderungsvorhaben und die Phase der Aufrechterhaltung gut planen und sich selbst kontrollieren. Auch die Fachkraft kann sich überlegen, wie sie dazu beitragen kann, dass der Veränderungsplan des Klienten funktioniert und seine Motivation intakt bleibt.

Ziel der Reflexion

Die Intervention soll sicherstellen, dass die Fachkraft den Umsetzungsprozess und die Stufe der Aufrechterhaltung beim Klienten unterstützen und begleiten kann.

Ablauf der Reflexion: Die Fachkraft bereitet sich mit den folgenden Fragen auf die Begleitung vor:

Monitoring

- Wie beobachte ich den Verlauf der Umsetzung des Veränderungsplans?
- Wie halte ich Kontakt zum Klienten und zu seinem sozialen Netzwerk?
- Welche Kontrollen will ich vereinbaren?
- Wie stelle ich sicher, dass mein Klient Unterstützung holt, wenn der Plan zu scheitern droht?
- Auf welche Situationen oder Faktoren muss ich besonders Acht geben (Risiken? Warnsignale?)?
- Was tue ich, wenn der Klient in alte Verhaltensmuster zurückfällt?
- Mit wem habe ich den Fall besprochen? (Intervision? Supervision? kollegiale Beratung? Vorgesetzter?)

Kollegiale Unterstützung

„Co-Produktion"

Die Begleitung der Umsetzungsphase kann gelingen, wenn wiederum die Prämisse der „Co-Produktion" beachtet wird: Die obigen Reflexionsfragen müssen ebenfalls mit dem Klienten besprochen werden. Dies erhöht die Verbindlichkeit des Veränderungsplans und verbessert die Einschätzbarkeit der Reaktionsweisen der Fachkraft. Dies ist besonders bei Schwierigkeiten und „Rückfällen" von großer Bedeutung.

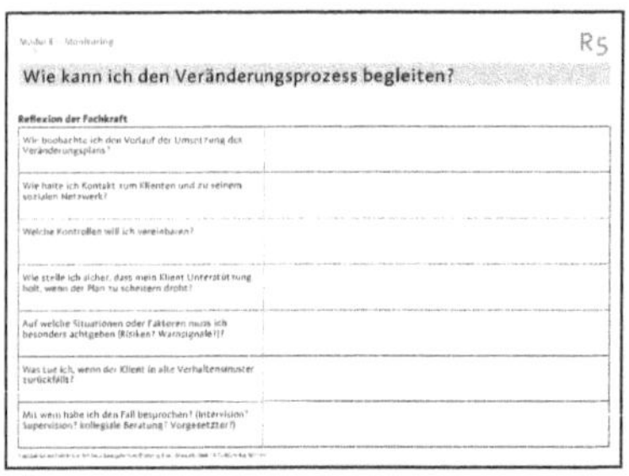
R5
Wie kann ich den Veränderungsprozess begleiten?

AB R-5: „Wie kann ich den Veränderungsprozess begleiten?"

⇨ 3 Motivation ist veränderbar: Das Transtheoretische Modell (TTM)
⇨ 3.1 Motivationsstufen
⇨ 5.1.4 Grundzüge der komplementären oder motivorientierten Beziehungsgestaltung

Abschluss des Programms – Anstelle eines Schlusswortes ...

Motivationsförderung als Daueraufgabe

Die Motivationsförderung bei Klienten ist eine Daueraufgabe für alle psychosozialen Berufe. Sie lässt sich durch ein strukturiertes Interventionsprogramm zwar konsequenter umsetzen, aber mit dem Abschluss des Programms ist die Thematik „Motivation" keinesfalls beendet. Die verschiedenen Interventionen sollen die Fachkräfte – besonders in Zwangskontexten – dazu inspirieren, bei allen ihren Kontakten, Beratungen und Hilfestellungen an die Wichtigkeit von motivationsfördernden Interventionen zu denken. Die Motivation bleibt die Voraussetzung für menschliche

Veränderungen, fehlende Motivation führt möglicherweise zu oberflächlichen Anpassungen, zu sozial erwünschtem Verhalten oder aber auch heftigem Widerstand seitens der Klienten, sicher aber nicht zur gewünschten Verhaltensveränderung.

Motivationsförderung als Voraussetzung für Veränderungen

Das Motivationsförderungsmanual versteht sich als Teilelement eines umfassenden Beratungs- oder Case-Managementprozesses und kann nicht für sich allein stehen. Vielmehr ist es die Arbeit an den Voraussetzungen für einen gelingenden Veränderungsprozess (z. B. eine Therapie), der dadurch natürlich nicht überflüssig, sondern erst ermöglicht wird.

Notwendige Kontextualisierung und Evaluation

Strukturierte und chronologisch dargestellte Interventionen, wie sie in diesem Buch vorgeschlagen werden, können die Fachkräfte zu technokratischen Umsetzungen verleiten. Die Vielfalt der Situationen und die Varianz des menschlichen Daseins gebieten geradezu eine Anpassung an spezifische Kontexte und konkrete Beratungssituationen. Es ist uns ein wichtiges Anliegen zu erfahren, welche Erfolgs- und Misserfolgsfaktoren bei der Anwendung der Interventionen beobachtet werden konnten. Daher laden wir alle Praktiker und Kollegen ein, das Manual in den unterschiedlichen Arbeitsfeldern des Zwangskontexts und unter möglichst vielfältigen Anwendungsbedingungen auszuprobieren. Wir freuen uns sowohl über Einzelbeobachtungen, vorgeschlagene Evaluationsdesigns als auch über systematische Evaluationen und verstehen unsere Methodenentwicklung als offene Einladung zu kritischen Feedbacks und Verbesserungsvorschlägen.

Online-Zusatzmaterial

Die im Buch erwähnten Arbeitsblätter – 15 Arbeitsblätter für die Hand des Klienten und 5 Reflexionsbögen für die Hand des Sozialarbeiters – finden Sie bereit zum Download unter www.reinhardt-verlag.de. Das Passwort für die Dateien lautet: *Intervention.* Das Online-Zusatzmaterial wird für die LeserInnen dieses Buchs zur Verfügung gestellt. Bitte geben Sie daher das Passwort nicht weiter!

Literatur

Abbenhues, B. (1995): Berufsethische Überlegungen zum „Doppelmandat" in der Sozialarbeit. Archiv für Wissenschaft und Praxis der sozialen Arbeit 26 (4), 252–291

Achtziger, A., Gollwitzer, P. (2018): Motivation und Volition im Handlungsverlauf. In: Heckhausen, J., Heckhausen, H. (Hrsg.): Motivation und Handeln. 5. Aufl. Springer, Berlin / Heidelberg, 355–388

ADB (Arbeitsgemeinschaft deutscher Bewährungshelferinnen und Bewährungshelfer) (1996): Standards der Sozialarbeit für das Arbeitsfeld Bewährungshilfe. In: http://www.bewaehrungshilfe.de/wp-content/uploads/2013/07/ADBev.-Position-Standards-der-Sozialarbeit-Sozialarbeit-und-Leitlinien-für-das-Arbeitsfeld-Bewährungshilfe.pdf,1.10.2015

Altschuler, D. M. (1998): Intermediate Sanctions and Community Treatment for Serious and Violent Juvenile Offenders. In: Loeber R., Farrington, D. P.: Serious & violent offenders. Sage Publications Thousand Oaks, 367–385

Ammon, G., Ammon, G., Griepenstroh, D. (1985): Psychoanalytische Aspekte des Widerstands. In: Petzold H. (Hrsg.): Widerstand. Ein strittiges Konzept in der Psychotherapie. 2. Aufl. Jungfermann, Paderborn, 39–93

Andrews, D. (1995): The Psychology of Criminal Conduct and Clinical Criminology. In: Stewart, I., Stermac, L., Webster, C. (Hrsg.): Clinical Criminology: Toward Effective Correctional Treatment. Correctional Service of Canada, 130–150

Ansen, H. (2009): Beziehung als Methode in der Sozialen Arbeit. Soziale Arbeit 58 (10), 381–389

Arkowitz, H., Miller, W. (2010): Motivierende Gesprächsführung lernen, anwenden und vertiefen. In: Arkowitz, H., Westra, H., Miller, W., Rollnick, S.: Motivierende Gesprächsführung bei der Behandlung psychischer Störungen. Beltz, Weinheim / Basel, 1–27

Bamberger, G. (2010): Lösungsorientierte Beratung. 4. Aufl. Beltz, Weinheim / Basel

Bandura, A. (1997): Self-Efficacy. Academic Press, New York

Bang, R. (1963): Hilfe zur Selbsthilfe für Klient und Sozialarbeiter. 2. Aufl. Ernst Reinhardt, München

Bennett, M. (1998): Spirituality and Addictions. What do we know? The Addictions Newsletter Vol 6, No. 1, 7 ff.

Bettinger, F. (2012): Wider die Dominanz der Bezugswissenschaften. Forum Sozial (1), 15–18

Beutler, L. E., Moleiro, C., Talebi H. (2008): Widerstand. In: Hermer, M., Röhrle, B. (Hrsg.): Handbuch der therapeutischen Beziehung. Dgvt, Tübingen, 677–704

Borg-Laufs, M. (2011): Störungsübergreifendes Diagnostik-System für die Kinder- und Jugendlichenpsychotherapie. 2. Aufl. Dgvt, Tübingen

Bonta, J., Andrews, D. A. (2017): The Psychology of Criminal Conduct. 6. Aufl. Routledge, London / New York

Brehm, S., Brehm, J. (1981): Psychological Reactance: A Theory of Freedom and Control. Academic Press, New York

Brugger, S., Holzbauer, A. (1998): Die Heilkraft der Staatsgewalt. In: Wagner, E., Werdenich, W. (Hrsg.): Forensische Psychotherapie. Facultas, Wien, 13–20

Caspar, F. (2008): Motivorientierte Beziehungsgestaltung – Konzept, Voraussetzungen bei den Patienten und Auswirkungen auf Prozess und Ergebnisse. In: Hermer, M., Röhrle, B. (Hrsg.): Handbuch der therapeutischen Beziehung. dgvt, Tübingen, 527–558

Caspar, F. (2007): Beziehungen und Probleme verstehen: Eine Einführung in die psychotherapeutische Plananalyse. Huber, Bern

Caspar, F. (2005): Therapeut / Therapeutin und die Therapiebeziehung. In: Kosfelder, J., Michalak, J., Vocks, S., Willutzki, U. (Hrsg.): Fortschritte der Psychotherapieforschung. Hogrefe, Göttingen / Bern, 265–280

Caspar, F., Grawe, K. (1985): Widerstand in der Verhaltenstherapie. In: Petzold, H. (Hrsg.): Widerstand. Ein strittiges Konzept in der Psychotherapie. 2. Aufl. Jungfermann, Paderborn, 349–384

Conen, M.-L. (2009): Wie kann ich Ihnen helfen, mich wieder loszuwerden? In: Conen, M.-L., Cecchin, G.: Wie kann ich Ihnen helfen, mich wieder loszuwerden? Therapie und Beratung in Zwangskontexten. 2. Aufl. Carl-Auer-Verlag, Heidelberg, 15–176

Conen, M.-L., Cecchin, G. (2011): Wie kann ich Ihnen helfen, mich wieder loszuwerden? Therapie und Beratung in Zwangskontexten. 3. Aufl. Carl-Auer-Verlag, Heidelberg

Dahle, K.-P. (1998): Therapiemotivation und forensische Psychotherapie. In: Wagner, E., Werdenich, W. (Hrsg.): Forensische Psychotherapie. Facultas, Wien, 97–112

Dahle, K.-P. (1995): Therapiemotivation hinter Gittern. Zielgruppenorientierte Entwicklung und Erprobung eines Motivationskonstrukts für die therapeutische Arbeit im Strafvollzug. Roderer, Regensburg

Dawes, R. M., Faust, D., Meehl, P. (1989): Clinical versus Actuarial Judgment. Science, 243, 1668–1674

Deci, E. L., Ryan, M. (1993): Die Selbstbestimmungstheorie der Motivation und ihre Bedeutung für die Pädagogik. Zeitschrift für Pädagogik 39 (2), 224–238

Delker, C. (2009): Neue Erkenntnisse aus der Hirnforschung zur Wirkung Konfrontativer Pädagogik. In: Weidner, J., Kilb, R., Kreft, D. (Hrsg.): Gewalt im Griff 1: Neue Formen des Anti-Aggressivitäts-Trainings. Beltz, Weinheim, 91–102

Deutschbein, T. (2004): Individuelle vs. standardisierte Therapie. Psychotherapie 9 (2), 175–178

DiClemente, C., Velasquez, M. (2002): Motivational Interviewing and the Stages of Change. In: Miller, W., Rollnick, S. (Hrsg.): Motivational Interviewing. 2. Aufl. Guilford Press, New York / London, 201–216

Döpfner, M., Kinnen, C., Petermann, F. (2010): Vor- und Nachteile von Therapiemanualen. Kindheit und Entwicklung, 19 (2), 129–138

Eifert, G. H. (2005): Individuelle versus Standardisierte Therapie. Erkenntnisse und neue Fragestellungen. In: Kosfelder, J., Michalak, J., Vocks, S., Willutzki, U. (Hrsg.): Fortschritte in der Psychotherapieforschung. Hogrefe, Göttingen, 197–216

Elsner, K., König, A. (2009): Aspekte der Therapiemotivation in Zwangskontexten. In: Saimeh, N. (2009): Motivation und Widerstand. Psychiatrie Verlag, Bonn, 104–115

Endres, J., Breuer, M. (2011): Sicherungsverwahrung. Das Behandlungskonzept des Bayerischen Justizvollzugs. Forum Strafvollzug 60. Jg., 285–296

Engelke, E. (1992): Soziale Arbeit als Wissenschaft – eine Orientierung. Lambertus, Freiburg

Fabring, C.A., Johnson, W. (2010): Motivierende Gesprächsführung im Strafvollzug. In: Arkowitz, H., Westra, H., Miller, W., Rollnick, S.: Motivierende Gesprächsführung bei der Behandlung psychischer Störungen. Beltz, Weinheim / Basel, 321–340

Farrall, S. (2009): Rethinking What Works with Offenders. Probation, Social Context and Desistance from Crime. Willan Publishing, Portland

Faude-Koivisto, T., Gollwitzer, P. (2009): Wenn-Dann Pläne: eine effektive Planungsstrategie aus der Motivationspsychologie. In: Birgmeier, B. (Hrsg.): Coachingwissen: denn sie wissen nicht, was sie tun? VS-Verlag, Wiesbaden, 207–225

Fuller, C., Taylor, P. (2012): Therapie-Tools: Motivierende Gesprächsführung. Beltz, Weinheim / Basel

Gage, N., Berliner, D. (1996): Pädagogische Psychologie. Beltz, Weinheim / Basel

Gahleitner, S. (2017): Soziale Arbeit als Beziehungsprofession: Bindungen, Beziehungen und Einbettung professionell ermöglichen. Beltz, Weinheim / Basel

Gahleitner, S., Hahn, G., Glemser, R. (Hrsg.) (2014): Psychosoziale Diagnostik. 2. Aufl. Psychiatrie Verlag, Bonn

Gall, R. (2009): Ziele und Methoden des Coolness-Trainings (CT) für Schulen. In: Weidner, J., Kilb, R., Kreft, D. (Hrsg.): Gewalt im Griff 1: Neue Formen des Anti-Aggressivitäts-Trainings. Beltz, Weinheim / Basel, 105–118

Galuske, M. (2009): Methoden der Sozialen Arbeit. Juventa, Weinheim

Gawrilow, C., Sevincer, T., Oettingen, G. (2009): Psychologie des Zukunftsdenkens. In: Brandstätter, V., Otto, J. (Hrsg.): Handbuch der Allgemeinen Psychologie – Motivation und Emotion. Hogrefe, Göttingen / Bern, 182–188

Gegenhuber, B., Werdenich, W., Kryspin-Exner, I. (2007): Justizieller Zwang, Motivation und Therapieerfolg. Monatsschrift für Kriminologie und Strafrechtsreform 90 (4), 304–316

Gehrmann, G., Müller, K. (2002): Motivierende Sozialarbeit. Ein Konzept für die Arbeit mit nicht motivierten Klienten und Klientinnen. Sozialmagazin 27 (10), 14–21

Gehrmann, G., Müller, K.D. (Hrsg.) (2010): Aktivierende Soziale Arbeit mit nichtmotivierten Klienten. 3. Aufl. Walhalla-Fachverlag, Regensburg

GESIS – Leibniz-Institut (Hrsg.) (2010): Elektronisches Handbuch zu Erhebungsinstrumenten im Suchtbereich (EHES), Version 4.00. Download unter: http://www.gesis.org/unser-angebot/daten-erheben/zis-ehes/download-ehes/

Germain, C., Gitterman, A. (1999): Praktische Sozialarbeit. Das Life Model in der Sozialen Arbeit. 3. Aufl. Enke, Stuttgart

Gold, N. (1990): Motivation: The Crucial but Unexplored Component of Social Work Practice. Social Work, 35 (1), 49–56

Grawe, K. (2004): Neuropsychotherapie. Hogrefe, Göttingen / Bern

Grawe, K. (1992): Komplementäre Beziehungsgestaltung als Mittel zur Herstellung einer guten Therapiebeziehung. In: Margraf, J., Brengelmann, J.C. (Hrsg.): Die

Therapeuten-Patienten-Beziehung in der Verhaltenstherapie. Roettger, München, 215–244

Grawe, K., Donati, R., Bernauer, F. (1994): Psychotherapie im Wandel. Von der Konfession zur Profession. Hogrefe, Göttingen / Bern

Greving, H. (2002): Hilfeplanung und Controlling in der Heilpädagogik. Lambertus, Freiburg

Gumpinger, M. (2001): Zwangsbeglückung oder Wie viel Freiwilligkeit braucht Soziale Arbeit? In: Gumpinger, M. (Hrsg.): Soziale Arbeit mit unfreiwilligen KlientInnen. edition pro mente, Linz, 11–24

Händel, M., Judith, U. (2001): Checkliste zur Behandelbarkeit von Sexualstraftätern. Bewährungshilfe 48 (4), 374–382

Heckhausen, J., Heckhausen, H. (Hrsg.) (2010): Motivation und Handeln. 4., überarb. u. aktualisierte Aufl. Heidelberg, Springer

Heckhausen, J., Heckhausen, H. (2018): Motivation und Handeln: Einführung und Überblick. In: Heckhausen, J., Heckhausen, H. (Hrsg.) Motivation und Handeln. 5. Aufl. Springer, Berlin / Heidelberg, 2–11

Heidenreich, T. (2000): Intrapsychische Konflikte und Therapiemotivation in der Behandlung der Substanzabhängigkeit. Roderer, Regensburg

Heiner, M. (2004): Professionalität in der Sozialen Arbeit: Theoretische Konzepte, Modelle und empirische Perspektiven. Kohlhammer, Stuttgart

Herwig-Lempp, J. (2012): VIP-Karte. In: Wirth, J. V., Kleve, H. (Hrsg.): Lexikon des systemischen Arbeitens. Grundbegriffe der systemischen Praxis, Methodik und Theorie. Carl-Auer Verlag, Heidelberg, 451–454

Hesser, K.-E. (2001): Soziale Arbeit mit Pflichtklientschaft. In: Gumpinger, M. (Hrsg.): Soziale Arbeit mit unfreiwilligen KlientInnen. edition pro mente, Linz, 25–41

Hinsch, R., Pfingsten, U. (2007): Gruppentraining Sozialer Kompetenzen, GSK. Grundlagen, Durchführung, Anwendungsbeispiele. Beltz, Weinheim / Basel

Huck, L. (2009): Jugendliche Intensivtäter / innen. Kriminelle Karrieren und Präventionsmöglichkeiten aus Sicht der betroffenen Subjekte. Argument Verlag, Hamburg

Johnson, V. (1990): I'll Quit Tomorrow: A Practical Guide to Alcoholism Treatment. HarperCollins, New York

Kanfer, F. H., Reinecker, H., Schmelzer, D. (2012): Selbstmanagement-Therapie. Ein Lehrbuch für die klinische Praxis. 5. Aufl. Springer, Berlin / Heidelberg

Keller, S., Velicer, W. F., Prochaska J. O. (1999): Das Transtheoretische Modell – Eine Übersicht. In: Keller, S. (Hrsg.): Motivation zur Verhaltensänderung. Das Transtheoretische Modell in Forschung und Praxis. Lambertus, Freiburg, 17–44

Kilb, R., Weidner, J. (2013): Einführung in die Konfrontative Pädagogik. Ernst Reinhardt, München

Kipp, A. (2010): Neustrukturierung der Bewährungshilfe in Nordrhein-Westfalen. In: Michel-Schwartze, B. (Hrsg.): „Modernisierungen" methodischen Handelns in der Sozialen Arbeit. VS-Verlag, Wiesbaden, 305–322

Kiresuk, T. J., Sherman, R. E. (1968): Goal attainment scaling: A general method for evaluating comprehensive community mental health programs. Community Mental Health Journal 4 (6), 443–453

Klug, W. (2014): Bewährungshilfe auf dem Weg zur Fachsozialarbeit? Programmatik einer zukunftsfähigen Profession. Bewährungshilfe: Soziales, Strafrecht, Kriminalpolitik 61 (4), 396–409

Klug, W. (2012): Methoden Sozialer Arbeit im Zwangskontext: Helfen – Kontrollieren – Motivieren. In: Zobrist, P. (Hrsg.): Soziale Arbeit mit Pflichtklientschaft. Werkstatthefte der Hochschule Luzern – Soziale Arbeit. Interact, Luzern, 8–20

Klug, W. (2007): Methodische Grundlagen der Soziale Dienste der Justiz – Vorschlag für ein Gesamtkonzept. Bewährungshilfe 54 (3), 235–248

Klug, W. (2000): Braucht die Soziale Arbeit eine Ethik? Ethische Fragestellungen als Beitrag zur Diskussion der Sozialarbeitswissenschaft im Kontext ökonomischer Herausforderung. In: Wilken, U. (Hrsg.): Soziale Arbeit zwischen Ethik und Ökonomie. Lambertus, Freiburg, 175–206

Klug, W., Lehmann, R., Burghardt, J. (2012): Case Management in Diensten der Kriminalprävention im Jugendamt. Case Management 9 (2), 73–82

Klug, W., Schaitl, H. (2012): Soziale Dienste der Justiz. Forum, Mönchengladbach

Koch, R., Behn, S. (1997): Gewaltbereite Jugendkulturen. Theorie und Praxis sozialpädagogischer Gewaltarbeit. Beltz, Weinheim / Basel

Körkel, J., Drinkmann, A. (2002): Wie motiviert man „unmotivierte" Klienten? Sozialmagazin 27 (10), 26–30

Körkel, J., Schindler, C. (1999): Ziele und Zielvereinbarungen in der Suchtarbeit. In: Fachverband Sucht: Suchtbehandlung: Entscheidungen und Notwendigkeiten (Bearb. Beate Ness). Neuland-Verlag, Geesthacht, 174–196

Kozar, C. (2010): Treatment readiness and the therapeutic alliance. In: Day, A., Casey, S., Ward, T., Howell, K. Vess, J. (Hrsg.): Transitions to Better Lives. Offender Readiness and Rehabilitation. Willan Publishing, Cullompton, 195–213

Krafeld, J. (2009): Konfrontative Pädagogik oder akzeptierender Ansatz? Sozialmagazin 34 (6), 25–33

Kremer, G. (2003): Motivational Interviewing als Kurzintervention bei Menschen mit Alkoholproblemen. Stand der Forschung und Praxis. Suchttherapie 4 (4), 125–131

Krieger, W. (2011): Macht jenseits der konstruierten Selbstunterwerfung? Begriffe, Formen, Quellen der Interaktionsmacht. Konstruktivistische Ansätze zur Mikrophysiologie der Macht in der Sozialen Arbeit. In: Kraus, B., Krieger, W., (Hrsg.): Macht in der Sozialen Arbeit. Interaktionsverhältnisse zwischen Kontrolle, Partizipation und Freisetzung. Jacobs, Lage, 45–93

Krieger, W. (2010): Die Pluralität systemischer Ansätze in der Sozialen Arbeit. In: Gahleitner, S., Effinger, H., Kraus, B., Miethe, I., Stövesand, S., Sagebiel, J. (Hrsg.): Disziplin und Profession Sozialer Arbeit: Entwicklungen und Perspektiven. Budrich, Opladen, 139–152

Kühne, S., Schlepper, C. (2019): „Meine Aufgabe ist, einen Bericht zu schreiben": „Die sanften Kontrolleure" und ihre Dokumente. Soziale Probleme 30, 145–168

Kühne, S., Schlepper, C., Wehrhelm, J. (2017): „Die sanften Kontrolleure" (Helge Peters und Helga Cremer-Schäfer 1975) revisited. Soziale Passagen 9, 329–344

Kurze, M., Störkel-Lang, O. (2000): Beziehungsarbeit und Arbeitsbeziehung. Bewährungshilfe 47 (1), 415–422

Lazarus, R., Lazarus B. (1994): Passion and Reason: Making Sense of Our Emotions. Oxford University Press, Oxford

Liel, C. (2008): Gegen den Kreislauf von häuslicher Gewalt. Standards und Empfehlungen für die Arbeit mit männlichen Tätern im Rahmen von interinstitutionellen Kooperationsbündnissen gegen Häusliche Gewalt (Täterarbeit HG). Sozialmagazin 33 (1), 30–39

Lindenberg M. (2013): Aus den Augen, aus dem Sinn? Ein Kommentar zur geschlossenen Unterbringung jenseits der Stadtgrenzen. Forum für Kinder- und Jugendarbeit (1), 54–55

Lindsay W. R. (2009): The Treatment of Sex Offenders with Developmental Disabilities: a Practice Workbook. Wiley-Blackwell, Chichester

Lindsay W. R., Michie A. M. (2013): What Works for Offenders with Intellectual Disabilities. In: Craig L. A., Dixon L., Gannon T. A. (Hrsg.): What Works in Offender Rehabilitaton. An Evidence-Based Approach to Assessment and Treatment. Wiley-Blackwell, Chichester, 285–304

Lösel, F. (1998): Evaluation der Straftäterbehandlung: Was wir wissen und noch erforschen müssen. In: Müller-Isberner, R., Gonzales Cabeza, S. (Hrsg.): Forensische Psychiatrie. Schuldfähigkeit, Kriminaltherapie, Kriminalprognose. Forum, Godesberg, 29–50

Lösel, F., Bender, D. (1999): Von generellen Schutzfaktoren zu differentiellen protektiven Faktoren: Ergebnisse und Probleme der Resilienzforschung. In: Opp, G., Fingerle, M., Freytag, A. (Hrsg.): Was Kinder stärkt: Entwicklung zwischen Risiko und Resilienz. Ernst Reinhardt, München, 37–52

López Viets, V., Walker, D. D., Miller W. R. (2002): What is motivation to change? A scientific analysis. In: McMurran, M. (Hrsg.): Motivating Offenders to Change. A Guide to Enhancing Engagement in Therapy. Wiley, Chichester / New York, 15–30

Luhmann, N. (2000): Organisation und Entscheidung. Westdeutscher Verlag, Opladen

Luhmann, N. (1991): Soziologische Aufklärung 3. Soziales System. Westdeutscher Verlag, Opladen

Luhmann, N. (1988): Soziale Systeme. Grundriß einer allgemeinen Theorie. Suhrkamp, Frankfurt

Luhmann, N., Schorr, K. (1982): Das Technologiedefizit der Erziehung und die Pädagogik. In: Luhmann, N., Schorr, K. (Hrsg.): Technologie und Selbstreferenz. Suhrkamp, Frankfurt, 11–40

Lundahl, B., Burke, B. (2009): The Effectiveness and Applicability of Motivational Interviewing: A Practice-Friendly Review of Four Meta-Analyses. Journal of Clinical Psychology In Session 65 (11), 1232–1245

Lundahl, B. W., Kunz, C., Brownell, C., Tollefson, D., Burke, B. L. (2010): A meta-analysis of motivational interviewing: Twenty-five years of empirical studies. Research on Social Work Practice 20 (2), 137–160

Mackowiak, K. (1999): Motivations- und Beziehungsaufbau in der Verhaltenstherapie mit Kindern. In: Borg-Laufs, M. (Hrsg.): Lehrbuch der Verhaltenstherapie mit Kindern und Jugendlichen. dgvt, Tübingen, 265–297

Mann, R. E., Ginsburg, J. I. D., Weekes, J. R. (2002): Motivational Interviewing with Offenders. In: McMurran, M. (Hrsg.): Motivating Offenders to Change. A Guide to Enhancing Engagement in Therapy. Wiley, Chichester / New York, 87–102

Margraf, J. (2009): Beziehungsgestaltung und Umgang mit Widerstand. In: Margraf, J., Schneider, S. (Hrsg.): Lehrbuch der Verhaltenstherapie, Band 1: Grundlagen,

Diagnostik, Verfahren, Rahmenbedingungen. 3. Aufl. Springer, Berlin / Heidelberg, 486–497

Markland, D., Ryan, R. M., Tobil, V., Rollnick, S. (2005): Motivational Interviewing and Self-Determination-Theory. Journal of Social and Clinical Psychology 24 (6), 811–831

Marshall, W. L., Thornton, D., Marshall, L. E., Fernandez, Y. M., Mann, R. E. (2001): Treatment of Sexual Offenders who are in categorical Denial: A pilot project. Sexual Abuse 13 (3), 205–215

Maslow, A. (1954): Motivation and Personality. Harper & Row, New York

Mayer, K. (2012): Verantwortungsübernahme und Verhaltensänderung. In: Zobrist, P. (Hrsg.): Soziale Arbeit mit Pflichtklientschaft. Werkstatthefte der Hochschule Luzern – Soziale Arbeit. Interact, Luzern, 50–53

Mayer, K. (2010): Wie Zwangsbeziehungen gelingen können. Bewährungshilfe 57 (2), 151–177

Mayer, K. (2009): Beziehungsgestaltung im Zwangskontext. In: Mayer, K., Schildknecht, H. (Hrsg.): Dissozialität, Delinquenz, Kriminalität. Ein Handbuch für die interdisziplinäre Arbeit. Schulthess, Zürich / Basel, 209–230

McMurran, M. (2002): Motivation to change: selection criterion or treatment need? In: McMurran, M. (Hrsg.): Motivating Offenders to Change. A Guide to Enhancing Engagement in Therapy. Wiley, Chichester / New York, 3–13

Meichenbaum, D., Turk, D. V. (1994): Therapiemotivation des Patienten. Huber, Bern

Menk S., Schnorr V., Schrapper C. (2013): „Woher die Freiheit bei all dem Zwange?“; Langzeitstudie zu (Aus-)Wirkungen geschlossener Unterbringung in der Jugendhilfe. Beltz Juventa, Weinheim

Menninger, K., Holzmann, P. (1977): Theorie der psychoanalytischen Technik. Frommann-Holzboog, Stuttgart

Michalak, J., Grosse Holforth, M., Veith, A. (2005): Wo soll's denn nun eigentlich hingehen? Die Zielperspektive in der Psychotherapie. In: Kosfelder, J., Michalak, J., Vocks, S., Willutzki, U. (Hrsg.): Fortschritte der Psychotherapieforschung. Hogrefe, Göttingen / Bern, 54–88

Michalak, J., Schulte, D., Willutzki, U. (2007): Therapiemotivation. In: Strauß, B., Hohagen, F., Caspar, F. (Hrsg.): Lehrbuch Psychotherapie. Hogrefe, Göttingen / Bern, 1328–1357

Miller, T. (1999): Systemtheorie und Soziale Arbeit. Ein Lehr- und Arbeitsbuch. Enke, Stuttgart

Miller, W. R. (1985): Motivation for treatment. A review with special emphasis on alcoholism. Psychological Bulletin (1) 98, 84–197

Miller, W. R., Rollnick, S. (2009; 2015): Motivierende Gesprächsführung. 3. Aufl. Lambertus, Freiburg i. Br.

Mücke, K. (2003): Probleme sind Lösungen. 3. Aufl. ÖkoSysteme, Potsdam

Noack, R., Beiling, P. (2019): Motivationale Methoden. Belz, Weinheim

Pantucek, P. (2005): Von Hubschraubern und Dschungelpfaden: Diagnostische Verfahren für die Praxis der Sozialen Arbeit. Sozialmagazin 30 (7–8), 14–20

Peters, H., Cremer-Schäfer, H. (1975): Die sanften Kontrolleure. Wie Sozialarbeiter mit Devianten umgehen. Enke, Stuttgart

Petry, J. (1993): Behandlungsmotivation. Grundlagen und Anwendungen in der Suchttherapie. Psychologie Verlags Union, Weinheim

Petry, N. M. (2011): Contingency management: what it is and why psychiatrists should want to use it. The Psychiatrist 35 (5), 161–163.

Pfeifer-Schaupp, U. (2002): Im Westen was Neues? Grundprinzipien und Entwicklungen systemischer Praxis. In: Pfeifer-Schaupp, U.: Systemische Praxis. Lambertus, Freiburg, 12–38

Podborny, B.-A. (2007): Beratung im Zwangskontext. Beratungstheorien am Beispiel straffälliger Männer. Sozialmagazin 32 (9), 47–55

Prochaska, J. O., Levesque, D. A. (2002): Enhancing motivation of offenders at each stage of change and phase of therapy. In: McMurran, M. (Hrsg.): Motivating Offenders to Change. A Guide to Enhancing Engagement in Therapy. Wiley, Chichester / New York, 57–73

Prochaska, J. O., Norcross, J. C., DiClemente, C. C. (1994): Changing for good. A Revolutionary Six-Stage Program for Overcoming Bad Habits and Moving Your Life Positively Forward. Avon, New York

Rapp, R. C., Xu, J., Carey, C. A., Lane, T., Redko, C., Wang, J, Carlson, R. G. (2007): Understanding Treatment Readiness in Recently Assessed Pre-Treatment Substance Abusers. Substance Abuse 28 (1), 11–23

Rheinberg, F. (2009): Motivation. In: Brandstätter, V., Otto, J. (Hrsg.): Handbuch der allgemeinen Psychologie – Motivation und Emotion. Hogrefe, Göttingen / Bern, 668–674

Ritscher, W. (2002): Systemische Modelle für die soziale Arbeit: ein integratives Lehrbuch für Theorie und Praxis. Carl-Auer-Systeme-Verlag, Heidelberg

Rogers, C. (1976a): Die nicht-direktive Beratung. Kindler, München

Rogers, C. (1976b): Entwicklung der Persönlichkeit. Klett, Stuttgart

Rooney, R. (Hrsg.) (2009): Strategies for work with involuntary clients. 2. Aufl. Columbia University Press, New York

Rooney, R. (2002): Working with Involuntary Clients. In: Roberts, A. R., Greene G. J. (Hrsg.): Social workers' desk reference. Oxford University Press, Oxford, 709–713

Rosengren, D. B. (2009): Building Motivational Interview Skills. Guilford Press, New York / London

Rothermund, K., Eder, A. (2009): Emotion und Handeln. In: Brandstätter, V., Otto, J. (Hrsg.): Handbuch der allgemeinen Psychologie – Motivation und Emotion. Hogrefe, Göttingen / Bern, 675–685

Rudolph, U. (2009): Motivationspsychologie kompakt. 2. Aufl. Beltz, Weinheim / Basel

Rüegg-Sturm, J. (2003): Das neue St. Galler Management-Modell. Grundkategorien einer integrierten Managementlehre. 2.Aufl. Haupt, Bern / Stuttgart

Sachse, R. (2010): Persönlichkeitsstörungen verstehen. Zum Umgang mit schwierigen Klienten. Psychiatrie-Verlag, Bonn

Sachse, R. (2009): Möglichkeiten und Grenzen der Motivierung von Klienten im Therapieprozess. In: Saimeh, N. (Hrsg.): Motivation und Widerstand – Herausforderungen im Maßregelvollzug. Materialien der 24. Eickelborner Fachtagung zu Fragen der Forensischen Psychiatrie, 4.–6. März 2009. Psychiatrie Verlag, Bonn, 116–133

Sachse, R. (2006): Therapeutische Beziehungsgestaltung. Hogrefe, Göttingen / Bern
Sachse, R., Langens, T., Sachse, M. (2012): Klienten motivieren: therapeutische Strategien zur Stärkung der Änderungsbereitschaft. Psychiatrie Verlag, Bonn
Sachße, C., Tennstedt, F. (1980–1992): Geschichte der Armenfürsorge in Deutschland, 3 Bde. Kohlhammer, Stuttgart
Schiefele, U., Streblow, L. (2005): Intrinsische Motivation – Theorien und Befunde. In: Vollmeyer, R., Brunnstein, J. (Hrsg.): Motivationspsychologie und ihre Anwendung. Kohlhammer, Stuttgart, 39–58
Schlippe, A. v., Schweitzer, J. (1996): Lehrbuch der systemischen Therapie und Beratung. Vandenhoeck & Ruprecht, Göttingen
Schmid, M., Schu, M., Vogt, I. (2012): Motivational Case Management. Ein Manual für die Drogen- und Suchthilfe. Medhochzwei, Heidelberg
Schneider, K. (1985): Widerstand in der Gestalttherapie. In: Petzold, H. (Hrsg.): Widerstand. Ein strittiges Konzept in der Psychotherapie. 2. Aufl. Jungfermann, Paderborn, 227–252
Schneider, K., Schmalt, H.-D. (2000): Motivation. 3. Aufl. Kohlhammer, Stuttgart
Schott-Leser, H., Leser, C. (2016): „…im Endeffekt kam es mir'n bisschen geheuchelt vor …" – Auswirkungen des Strukturdilemmas von Hilfe und Kontrolle a uf einen Hilfeverlauf. Eine Fallrekonstruktion als Beitrag zum Professionalisierungsdiskurs im Kontext sozialpädagogischen Handelns. Neue Praxis 46 (5), 415–426
Schwarz, U., Sevincer, T., Gawrilow, C. (2019): Wenn-Dann-Pläne und Mentale Kontrastierung als Strategien zur Förderung der Selbstregulation. In: Gaspard, H., Trautwein, U., Hasselhorn, M. (Hrsg.): Diagnostik und Förderung von Motivation und Volition. Hogrefe, Göttingen, 193–207
Schwarze, C., Schmidt, A. (2008): Zwangskontexte. In: Hermer M., Röhlre, B. (Hrsg.): Handbuch der therapeutischen Beziehung. dgvt, Tübingen, 1477–1507
Selvini Palazzoli, M. (1991): Paradoxon und Gegenparadoxon: ein neues Therapiemodell für die Familie mit schizophrener Störung. 7. Aufl. Klett, Stuttgart
Sommer, M. (2001): Vertrauen im Bereich der Bewährungshilfe und Führungsaufsicht. Bewährungshilfe 48 (1), 11–16
Sommerfeld, P., Hüttemann, M. (Hrsg.) (2007): Evidenzbasierte Soziale Arbeit. Nutzung von Forschung in der Praxis. Schneider, Hohengehren
Sonnenmoser, M. (2017): Nicht so leicht zu messen. Compliance in der Psychotherapie. Deutsches Ärzteblatt Mai 2017, 218–219
Specht, H., Vickery, A. (1980): Methodenintegration in der Sozialarbeit. Lambertus, Freiburg
Stavemann, H. (Hrsg.) (2008): KVT-Praxis. Strategien und Leitfäden für die Kognitive Verhaltenstherapie. Beltz, Weinheim / Basel
Steller, M. (1994): Behandlung und Behandlungsforschung – Einführung. In: Steller, M., Dahle, K., Basqué, M. (Hrsg.): Straftäterbehandlung. Argumente für eine Revitalisierung in Forschung und Praxis. Centaurus, Herbolzheim, 3–12
Steller, M. (2005): Psychologische Diagnostik – Menschenkenntnis oder angewandte Wissenschaft? In: Kröber, H.-L., Steller, M.: Psychologische Begutachtung im Strafverfahren. Indikationen, Methoden, Qualitätsstandards. 2. Aufl. Steinkopff, Darmstadt, 1–19
Stelly, W., Thomas, J. (2004): Wege aus schwerer Jugendkriminalität. Inst. für Kriminologie der Univ. Tübingen, Tübingen

Storch, M. (2011): Motto-Ziele, S.M.A.R.T.-Ziele und Motivation. In: Birgmeier, B. (Hrsg.): Coachingwissen. VS-Verlag, Wiesbaden, 185–207
Stucki, C. (2004): Die Therapiebeziehung differentiell gestalten. Dissertation, Universität Bern
Stucki, C., Grawe, K. (2007): Bedürfnis- und Motivorientierte Beziehungsgestaltung. Hinweise und Handlungsanweisungen für Therapeuten. Psychotherapeut 52 (1), 16–23
Suhling, S., Cottonaro, S. (2005): Motivation ist alles? Formen und Bedingungen von Veränderungs- und Behandlungsbereitschaft bei Inhaftierten. Zeitschrift für Jugendkriminalrecht und Jugendhilfe 16 (4), 385–396
Suhling, S., Pucks, M., Bielenberg, G. (2012): Ansätze zum Umgang mit Gefangenen mit geringer Veränderungs- und Behandlungsmotivation. In: Wischka, B., Pecher, W., Boogaart, H. von (Hrsg.): Behandlung von Straftätern: Sozialtherapie, Maßregelvollzug, Sicherungsverwahrung. Centaurus, Herbolzheim
Sykes, G., Matza, D. (1968): Techniken der Neutralisierung. Eine Theorie der Delinquenz. In: Sack, F., König, R. (Hrsg.): Kriminalsoziologie. Akademische Verlagsgesellschaft, Frankfurt a.M., 360–371

Trotter, C. (2009): Work with Involuntary Clients In Corrections. In: Rooney, R.: Strategies for Work with Involuntary Clients. 2. Aufl. Columbia University Press, New York, 387–401
Trotter, C. (2001): Soziale Arbeit mit unfreiwilligen KlientInnen. Ein Handbuch für die Praxis. In: Gumpinger, M. (Hrsg.): Soziale Arbeit mit unfreiwilligen KlientInnen. edition pro mente, Linz , 99–305

Urban, U. (2004): Professionelles Handeln zwischen Hilfe und Kontrolle. Beltz, Weinheim / München
U.S. Department of Health and Human Services (2006): Enhancing Motivation for Change Inservice Training, Rockville M.D. In: www.ncbi.nlm.nih.gov/books/NBK64967/, 19.04.2012

Veith, A. (1997): Therapiemotivation als Variable im therapeutischen Prozess. Westdeutscher Verlag, Opladen
Velasquez, M.M., Ballasiotes, S., Wagner, C. (2005): Facilitating Groups with MI. MINT Bulletin Vol. 12 (1), 39

Wagner, E., Werdenich, W. (1998): Die Kunst der Zwangsbehandlung. In: Wagner, E., Werdenich, W. (Hrsg.): Forensische Psychotherapie. Facultas, Wien, 37–48
Wagner, E., Russinger, U. (2002): Systemisch-konstruktivistische Konzepte in Zwangskontexten. In: Pfeifer-Schaupp, U. (Hrsg.): Systemische Praxis. Lambertus, Freiburg, 136–155
Walter, U.M. (2017): Grundkurs methodisches Handeln in der Sozialen Arbeit. Ernst Reinhardt, München
Warschburger, P. (2009): Neue Modelle zur Veränderung. In: Warschburger, P. (Hrsg.): Beratungspsychologie. Springer, Berlin / Heidelberg, 81–103
Weidner, J. (2009a): Konfrontative Pädagogik (KP). Ein Plädoyer für eine gerade Linie mit Herz – auch im schulischen Alltag. In: Weidner, J., Kilb, R., Kreft, D. (Hrsg.): Konfrontative Pädagogik in der Schule. 2. Aufl. Juventa, Weinheim, 29–43

Weidner, J. (2009b): Über Grenzziehung in Sozialer Arbeit und Psychologie. In: Weidner, J., Kilb, R., Kreft, D. (Hrsg.): Gewalt im Griff 1: Neue Formen des Anti-Aggressivitäts-Trainings. 5. Aufl., Beltz, Weinheim / Basel, 66–77

Weidner, J., Malzahn, U. (2009): Zum Persönlichkeitsprofil aggressiver Jungen und Männer. In: Weidner, J., Kilb, R., Kreft, D. (Hrsg.): Gewalt im Griff 1: Neue Formen des Anti-Aggressivitäts-Trainings. 5. Aufl. Beltz, Weinheim / Basel, 46–51

Wendt, W. R. (1997): Neue Entschiedenheit: Der Zwang als Mittel zum Zweck? Sozialmagazin 22 (1), 14–19

Wendt, W. R. (1988): Von der Falldiagnose zum Unterstützungsmanagement. In: Mühlfeld, C., Oppl, H. (Hrsg.): Soziale Einzelhilfe. Diesterweg, Frankfurt, 9–27

Willke, H. (1987): Strategien der Intervention in autonome Systeme. In: Baecker, D., Markowitz, J., Stichweh, R., Tyrell, H., Willke, H. (Hrsg.): Theorie als Passion. Niklas Luhmann zum 60. Geburtstag. Suhrkamp, Frankfurt a. M., 333–361

Wilson, G. T. (1996): Manual-based Treatments: The clinical application of research findings. Behavoir Research Therapy, 35 (4), 295–314

Zeig, J. K. (Hrsg.) (2006): Meine Stimme begleitet Sie überallhin. Ein Lehrseminar mit Milton H. Erickson. 9. Aufl. Klett-Cotta, Stuttgart 2006

Zentrale Koordinierungsstelle Bewährungshilfe (2012): Qualitätsstandards in der Bewährungshilfe in Bayern, München. 3. Aufl. In: www.bewaehrungshilfe-bayern.de/archiv/standards/QualitaetsundDokumentationsstandards.pdf, 11.01.13

Zimmer, D. (1983): Die Therapeut-Klient-Beziehung in der Verhaltenstherapie. In: Zimmer, D. (Hrsg.): Die therapeutische Beziehung: Konzepte, empirische Befunde und Prinzipien ihrer Gestaltung. Edition Psychologie, Weinheim, 82–97

Zobrist, P. (2015): Motivationsförderung im Frauenstrafvollzug. Kontextualisierung und Erprobung von manualisierten Interventionen im sozialpädagogischen Betreuungsalltag. Bewährungshilfe 62 (4), 336–348

Zobrist, P. (2010): Zehn Basisstrategien zur Förderung der Veränderungsmotivation und zum Umgang mit Widerstand im Kindes- und Erwachsenenschutz. Zeitschrift für Kindes- und Erwachsenenschutz 6 / 2010, 431–444

Zobrist, P., Dietrich, R. (2012): Manualisierte Interventionen zur Motivationsförderung – Manualentwicklung und erste Praxiserfahrungen in der Schweiz. Bewährungshilfe 59 (4), 352–358

Zobrist, P., Kähler, H. D. (2017): Soziale Arbeit im Zwangskontext. Wie unerwünschte Hilfe erfolgreich sein kann. 3. Aufl. Ernst Reinhardt, München

Sachregister